会社のキャッシュが潤沢になる税金対策48の具体的手法

起業5年目までに知らないと損する

節税のキホン

公認会計士・税理士
山口真導

すばる舎リンケージ

はじめに

1万円の節税は100万円の売上に匹敵する

本書を手にとっていただき、ありがとうございます。

突然ですが、あなたは節税対策の本当の効果を知っていますか？

「1万円節税できる方法がある」と聞いたら、「1万円くらいならいいか」と節税しない経営者もいるでしょう。しかし、その会社の利益率が1％だとすると、その**1万円の節税は100万円の売上に匹敵**します。

しかし、これからご紹介する節税対策は1万円程度の少額のものばかりではありません。中には**1000万円以上の節税**、**10億円の売上に相当する方法もあります。**この節税を利益率1％の会社の売上に換算すると、**10億円の売上に相当**します。そう聞いたら、少し心が動くのではないでしょうか。日々、売上獲得に奔走しているあなたなら、その影響の大きさを理解していただけることでしょう。

節税の利益に対するインパクトも大きいです。

ご存じの方も多いでしょうが、法人税等の税金は、利益のすぐ上に表示されるので、法人税等が少なくなるということは、その**同額だけ利益が増える**ことを意味します（下図）。1万円法人税等が減ると1万円利益が増え、1000万円法人税等が減ると1000万円利益が増えるのです。

あなたが、1000万円の売上をとってきても、原価や広告宣伝費や旅費交通費などいろいろなコストがかかるので、利益はそれほど増えないでしょう。つまり、**節税対策をするということは、利益に多大な影響を与える**ということなのです。

設立5年目までの会社であれば、まだそれほどの会社規模になっていないはずです。そうした会社における節税のインパクトは、大規模な会社と変わらないか、

税金等調整前当期純利益	300,000		300,000
法人税等	130,000	10,000円減ると	120,000
法人税等調整額	△10,000 120,000	↓	△10,000 110,000
当期純利益	180,000	10,000円増える	190,000

もしかすると、それよりも大きい可能性すらあります。

知らない人は損をしている48個の節税テクニック

もう1つ重要なことは節税対策がキャッシュ・フローに与える影響です。

法人税等を節税するということは、それだけ**キャッシュ・アウトが減少する**ということです。仕入や経費のキャッシュ・アウトは売上とともに回収されるものですが、法人税等の支払いは、支払ったきりで戻ってくるということがありません。したがって、法人税等を支払わずに、会社の資金としてプールし、再投資していくことが、会社を成長させるために必要なのです。

だから、必ず節税対策はしなければならないのです。

節税対策の基本的な考え方はシンプルです。

原則その1：税率を下げる
原則その2：益金を減らす・遅らせる
原則その3：損金を増やす・早める

しかし、その中身は簡単ではありません。

そこは、顧問税理士の力を借りるべきでしょう。

国税庁の統計によると平成24年度の法人税申告における関与割合は87・7％もあります。顧問税理士が9割近くもついているのです。

本書はそうした環境を前提として、本書で提案する**48個の節税メニュー**を利用して、あなたが顧問税理士に節税対策を依頼するシーンを想定して書いています。48個の節税メニューは、一般的な節税対策をかなりの範囲でカバーしています。あなたの会社の節税対策に具体的に利用してほしいと思います。


なお、本書はインターネット上で公開されて話題になった私の記事「全ての起業家に捧ぐ！法人税の全節税手法50とその手順【保存版】」(http://kigyou-no1.com/tax-avoidance-78)をベースに、加筆・修正を加えたものです。ですので、インターネット上の記事をご覧になった方にも、理解を深めるという意味で、本書をあわせてお読みいただけると幸いです。本書が、あなたの節税対策の助けになることをお祈りしております。

本書の構成

これから具体的な節税対策をご紹介し、皆さんにご活用いただくにあたって、いくつか注意事項を述べさせていただきたいと思います。

1つ目は、節税対策の順番です。

本書は、いま、まさに**節税対策が必要と考えている経営者を対象に**構成しました。節税対策の実行の容易さと、節税額のインパクトを重視して、ご紹介しています。使い勝手を優先して、節税対策を体系的かつ論理的にとらえるということは、他書に譲らせていただきます。

しかし、その結果として、前のほうから順次読んでいただくことで、効率的に節税対策に関する情報が入ってくるようになっています。

2つ目は、本書は税理士向けの専門書ではないということです。本書に記載の内容だけで節税対策を完璧に実施することはできません。**顧問税理士の先生とよくご相談**

のうえで、節税対策を実行くださいますよう、お願いいたします。

3つ目は、本書に記載されている節税対策を実行する際には、必ず最新の法令と照らし合わせて確認するようにしてください（本書は2014年7月末時点の法令に従って書いています）。

顧問税理士に相談すれば済む話ですので、よくご相談のうえで、ご活用くださいますよう、よろしくお願いいたします。

4つ目は、本書が対象とするのは、会社の節税です。個人事業主の節税に関しては取り扱っていません。また、資本金1億円以内の会社を対象としています。

最後に、本書では、節税対策の影響を皆さんにわかりやすくお伝えするために、実効税率を40%として説明しています。2014年7月現在の実効税率は35%程度ですので、厳密さを欠いていますが、読みやすさに免じてお許しいただけますよう、よろしくお願いいたします。

起業5年目までに知らないと損する　節税のキホン　もくじ

1章　節税で会社のカネ回りが良くなる

2章 会社のカネ回りを良くする節税3大原則

3章 カネ回りが良くなる節税テクニック48

①いますぐやるべき節税策

4章 カネ回りが良くなる節税テクニック48

②自社の状況に応じて行う節税策

5章 カネ回りが良くなる節税テクニック48

③来年度以降の節税に向けた準備

※本書はビズ部の記事「全ての起業家に捧ぐ！法人税の全節税手法50とその手順【保存版】」(http://kigyou-no1.com/tax-avoidance-78)をベースに、加筆・修正を加えた内容です。

※本文中に登場する商品名、企業名、ブランド名、サービス名などは、一般に商標として登録されています。ただし、本書では煩雑になるのを避けるため、® 表記などは省略しております。

※本書の内容は２０１４年７月時点のものです。

※本書で紹介する内容は、ご自身の判断と責任で行うようによろしくお願いいたします。本書の内容を参考にして、なんらかの損失や損害をこうむったとしても、著者、ならびに出版社、その他関係者は一切責任を負いかねますので、予めご了承ください。

節税で会社のカネ回りが良くなる

1章

「起業5年目までは節税とは無縁」
そう思っている社長も多いだろう。
しかし、それは間違いだ。
節税は会社のキャッシュ・フローと
密接な関係にある。
早めに準備を始めておくことが肝心だ。

01

節税で会社のカネ回りが良くなるメカニズム

節税対策はキャッシュを回転させるための施策

同じ時期に同じ額の資金でスタートした起業家同士の一方が成功し、他方が失敗するということがあります。

両者を隔てた要因はいくつかありえますが、根本的にはキャッシュの使い方の巧拙によります。経営というものを考えるとき、売上を立てるところから考えがちですが、現実は、売上が上がる前に、そのためのキャッシュを使うものです。

つまり、経営とは、

「どこにキャッシュを使うと、より多いキャッシュを獲得することができるのか？」

を考え実行することなのです。

こうした考え方をベースに置くと、節税対策というものの見方が少し変わってくるはずです。

節税対策は、場当たり的に法人税等の税金を減らす対策と位置付けられがちですが、**常時キャッシュを回転させるための施策**です。このように位置付ければ、**節税対策は、あなたの会社の経営戦略の一環**となりえます。

①キャッシュを使う
②キャッシュを獲得する
③節税対策により、キャッシュを税金としてできるだけ流出させずに再投資する
④さらにキャッシュを獲得する
⑤①～④を繰り返す

という流れを作り出すのです。

節税で成長する3つのステップ

右記③と④について、もう少し詳しく説明しましょう。

ステップ1：法人税等の減少→キャッシュ・アウトが減る

法人税等が減少するということは、それだけ法人税等の支払いが減るということです。法人税等の支払いが減るということは、あなたの会社のキャッシュの残高が増えるということです。

しかし、何もしないで法人税等を減少させることはできません。本書では3章以降で、具体的な節税手法をご紹介させていただきます。これらの節税手法を駆使して法人税等を減らしていきましょう。

ステップ2：節税分を再投資する

節税で残したキャッシュを会社に残しておくこともできます。使わずに残しておけば、将来の不測の事態に備えることができます。

しかし、起業5年目までの経営者には、それよりも「成長」を重視していただきたいと思います。吹けば飛ぶような規模でいる限り、常に倒産の危険と隣り合わせとなってしまうからです。一気に安定的な規模まで突き進むべく、節税分の再投資を実行することをオススメします。

ステップ3：節税を当たり前にすることで、キャッシュ・フローの好循環体質へ

このように、賢く投資と再投資を繰り返すことで強い会社を作っていきます。

節税対策を当たり前にすることで、キャッシュ・フロー（資金の回転）を良くすることができます。資金の回収スピードを上げることで、あなたの会社の成長スピードも加速させることができるのです。

場当たり的な節税対策はキケンです

先ほど、節税対策はキャッシュを常時回転させるための施策と書きましたが、それを理解していただくために、「場当たり的に法人税を減額する対策」のどこがダメなのかを説明したいと思います。

いま、節税対策として100の支払いをしたとします。するとこの100の結果として、実効税率を40％とすると、税金はたしかに40減ります。しかし、手取額も60減ってしまいます。

キャッシュの使い途は、投資、消費、浪費の3種類に分類できます。投資はリターンが期待できるもの、消費は必要不可欠なもの、浪費は無駄なものです。

節税対策の100が投資か消費なら、手取額の60の減少は許容されます。しかし、節税対策の100が浪費だとしたら、40税金が減り、手取額も60減ってしまうので、やるべきではありません。

税金を減らすことだけを目的とすると、浪費が増えるだけで結果的に、一番大事な手元のキャッシュを減らしてしまうということになるのです。

だからこそ、節税対策は税金を少なくすることではなく、**キャッシュ・フロー対策**と位置付けなければなりません。場当たり的な節税対策を防止するために、こうした考え方を理解しておく必要があるのです。

知っててトクする！01　CHECK↓☐
節税対策はキャッシュ・フロー対策である

02

節税をしたほうが良い3つの理由

「課税の繰延」という問題

実は、節税対策の中には、対策を実行したときには節税になっても、将来的にその分法人税等が多くなってしまうものがたくさんあります。

こうした節税対策を**「課税の繰延」**といいます。

節税対策に積極的な税理士と消極的な税理士がいます。節税対策に消極的な税理士が、なぜ消極的かというと、節税対策の多くが、「課税の繰延」にしかならないからです。

たしかに将来に渡って数年で通算した場合に、「やってもやらなくても同じ結果」なら、やらないほうがマシかもしれません。しかし、現実には、「やってもやらなくても同じ結果」になるのは、かなり限定的なケースだけです。

だから、**節税対策はやったほうが良いのではなく、「やらなければならない」**のです。

理由①ビジネスには好不調の波がある

「課税の繰延」になる数少ないケースとは、現在も将来もビジネスの状況が好調なままの場合です。

そもそも節税対策が効果を発揮するには「課税所得」が必要です。課税所得があるということは、簡単にいうと「儲かっている」ということです。

この儲かっている状態が、永遠に続くとすると、いま行う節税が、将来の納税の原因になります。

あなたが法人契約で生命保険に加入したとします。

生命保険料は全部または一部が損金になりますので、その分所得が減ります。1００万円の保険料が全額損金になるとすると、１００万円所得が減り、実効税率40%とすると、40万円の節税になります。

ところが、生命保険はいずれ保険金という形で戻ってきます。戻ってきたときには、全部益金になりますので、その分所得が増えます。損をする保険に加入する人は少ないので、１００万円の保険料を支払うと、１００万円か、それ以上の保険金が戻っててくることになるでしょう。仮に保険金が100万円戻ってきたとすると、100万円益金が増えて、実効税率が変わらなければ40万円の納税が発生します。

これだと、数年間の間に、保険会社とあなたの会社の間で、キャッシュが行ったり来たりしているだけの状態です。**結局、税金は1円も減っていない**ということです。

これが「課税の繰延」です。

しかし、「課税の繰延」になるためには必要な条件があります。

それは、益金が発生する将来の時点において、節税対策を実行したときと同様に所得が充分に発生しているということです。つまり、将来も節税対策が必要なほど、儲かっているということです。

先ほどの事例でいうと、保険金が入ってくるときに、業績が悪化して100万円以上の赤字だとすると、保険金は赤字と相殺されて納税は発生しません。つまり、課税の繰延になるということは、極めてハッピーな状態で経営が推移しているということであり、節税対策が課税の繰延にしかならないと悲観的に受け止める事態ではないということです。

顧問税理士が「課税の繰延」になることを嫌って節税対策を勧めないということは、あなたの会社の将来よりも節税対策の将来を心配しているのと同じことです。あなたは顧問税理士と「結局、いろいろ節税対策したけど、全部課税の繰延にしかならなかったね」と笑顔で会話する未来をつくっていけば良いのです。

3章以降でご説明する節税対策を具体的に進めていくにあたっては、**顧問税理士の協力が不可欠**になりますので、顧問税理士とは、良好な関係性を保ちながら、進めていきたいところです。

理由②キャッシュは循環する

稼いだ利益（キャッシュ）を再投資することで会社は成長します。このキャッシュの循環（キャッシュ・フロー）を良くしていくことが会社の成長にとって重要なのです。

節税をするということは、このキャッシュの循環を良くするということに大きく貢献することになります。なぜなら、キャッシュの社外流出を抑えるからです。

法人税等を一度支払ってしまうと、そのキャッシュがあなたの会社に戻ってくることはありません。

課税の繰延にしかならないと考えて節税対策を放棄した瞬間に、あなたはお金に羽を付けてしまいます。あとは手元から飛び立つのを見送ることしかできません。

成功している会社のお金には鎖が付いています。

節税とは、稼いだキャッシュに鎖を付ける作業です。

自分のコントロールできる範囲にキャッシュを置いておくことで、あなたの会社のために何度も有効活用できるのです。

納税すれば国のために有効活用されることを祈ることしかできません。これは、他人任せな対応です。なぜなら経営者であれば、節税対策を活用してもっと主体的に国や社会に関わっていくことができるからです。

法人税等で納税するだけがすべてではありません。あなたが節税したキャッシュを有効活用することで、あなたや社員の所得税という形で納税する方法もあります。また、何度も取引を行えば、消費税をたくさん納税することもできるのです。

「金は天下の回りもの」とはよくいったものです。経営者たるもの、節税対策でしっかり主体性をもって、キャッシュを循環させたいものです。

理由③税法は変わる

ご存じの方も多いと思いますが、我が国の国際競争力を上げるために法人税率を引き下げようという動きがあります。おそらく、今後数年をかけて、法人税等の実効税率は現在の30％台から20％台中盤くらいまで引き下げられるでしょう。

税率が引き下げられていく過程にある場合、**課税されるタイミングを先延ばししたほうが納税負担は低く**なります。

まさに節税するなら「イマでしょ！」というタイミングです。

つまり、節税対策にとってマイナス要素だった課税の繰延が、今後数年間はプラスの要素に反転する可能性が高いのです。

税法は毎年改正されています。したがって、今年正しいことが、来年正しくないこともあります。

たとえば、税率引き下げの裏側では、課税ベースの拡大という議論も行われているようです。税率を引き下げるということは税収が減るということですから、我が国の財政を考えると問題だということで、税率引き下げの一方で、赤字の会社に課税するなど税収確保の改正もなされる可能性があります。

最終的にどのように決着するかはわかりませんが、報道される都合の良い情報だけに惑わされないように注意する必要があります。

繰り返しになりますが、このような複雑な税法を駆使しなければいけないので、顧問税理士の存在は大きいと思います。あなたが主体的にリードしながら顧問税理士の知識と経験を活用して、適正な節税対策を実行していきましょう。

知ってトクする！02 CHECK↓ ☑

節税対策をしないと損する

03

起業するとどんな税金がかかるのか？

会社設立が最初の節税になる

本書が対象とするのは、会社の節税です。

個人事業主として起業する方もいらっしゃるでしょうが、この場合、節税手法は極めて限定的となります。

したがって、仮に個人事業主として起業した場合には、**利益が出始めたら早めに会社を設立することをオススメ**します。その会社設立こそが最初の節税対策となります。

会社を設立すると次のような税金がかかります。

（一）国税

ア　法人税・・・所得の額を課税標準として課税される

イ　消費税・・・取引額を課税標準として課税される

(2)　地方税

ア　事業税

①所得割・・・法人税で計算された所得を課税標準として課税される

②地方法人特別税・・・所得割の金額を課税標準として課税される

イ　住民税

①法人税割・・・法人税の額を課税標準として課税される

②均等割・・・資本金等の額および従業員数を課税標準として課税される

資本金の額が1億円超の会社には、外形標準課税が適用され、事業税に代わって所得割・資本割・付加価値割などが課税されます。本書では、資本金1億円以内の会社を対象としますので、外形標準課税の節税対策についてはご紹介しません。

上記のうち、「消費税」は間接税という種類の税金で異質なものです。取引の種類によって、課税・非課税が分かれるほか、赤字・黒字に関係なく取引額に対して課税されます。取引額に課税されるので受け取る消費税もあれば支払う消費税もあります。

原則として、受け取る消費税額のほうが大きければ消費税を納税し、逆ならば還付を受けられます。消費税法もかなり複雑なので、節税スキームは存在しますが、本書では対象とはしていません。

地方税のうち、「住民税の均等割」は、資本金等の金額と従業員の人数を基礎として課税される税金です。

残りの税金は、**会社の所得に対して課税される税金**です。

本書では、この税金を「法人税等」と表記します。「法人税等」は、法人税が下がると連動して下がります。したがって、**会社の節税対策といったら、法人税を下げることを一生懸命にやればOK**なのです。

知っててトクする！03　CHECK↓☐

節税対策のメインは法人税対策

04

節税の5つのメリット

メリット①投資の早期回収

節税をすることで得られる最大のメリットは、投資の早期回収ができることにあります。「節税で会社のカネ回りが良くなるメカニズム」（16ページ）でもお伝えしたとおり、節税することによって、納税額が抑えられた結果、あなたの会社の**キャッシュの残高は、節税しない場合に比べて増えます**。

「投資をしているからキャッシュは増えていない」と思った方もいるでしょう。その考え方は正しいです。無駄な投資（＝浪費）をするなら何もしないほうがキャッシュは残ります。このメリットは、有効な投資が行われているという前提がなければ成立しません。

有効な投資が行われた場合に、それをどのように税務処理するかによって、法人税等の額が変わります。３章以降で説明する具体的な方法を実行することで、最も納税額が少ない処理が可能になります。

メリット②キャッシュ・フローのサイクルの好循環化

納税額が少なくなるということは、手元にキャッシュが残るということです。このキャッシュをあなたが有効利用することで、あなたの会社の成長曲線は対数的に伸びていくことになります。

儲かったお金を無策のまま納税していると、あなたの会社の資金は、なかなか増加しません。それどころか、法人税等には「中間納付」という制度があるので、成長力があればあるほど、資金繰りが苦しくなってしまいます。

毎期毎期、都度都度、節税対策を講じていくことで、手元にキャッシュを置いておくことができるようになります。すると、その**資金を納税ではなく、投資として利用することができます。**その時、はじめて、対数的な成長曲線を描く前提条件が整うのです。

メリット③利益を増やす

ＡｍａｚｏｎやＡｐｐｌｅ、スターバックス、そしてトヨタ自動車が税金を払っていないという話が最近ニュースになりました。彼らは節税がもたらす財務的インパクトの大きさを理解し、熱心に節税をしています。

所得を増やすと納税額が増えます。したがって、所得は少ないほうが良いのですが、会計上の利益は多いほうが良いです（所得と利益の違いなど詳細は後述52ページ）。

なぜなら、**利益の出ている会社のほうが、外部からの評価が高くなる**からです。前述したエクセレントカンパニーであれば、その分株価が上がります。起業5年目までの会社であれば、銀行からの評価が上がります。単純に利益の金額が大きいほうが返済能力が大きいという評価になるからです。

利益の金額を大きくしようと思ったら、**一番手っ取り早いのが節税**です。理由は損益計算書を見ればあきらかです（3ページ参照）。

利益のすぐ上には、法人税等（法人税、住民税および事業税）が表示されています。したがって、法人税等が減ると、その分利益（当期純利益）の額が増える仕組みになっています。

法人税等の額が1万円減ると、利益が1万円増えます。たとえば、売上高を1万円増やしても、原価や販売費をはじめとした諸経費がかかるので、利益が丸々1万円増えるということはありません。利益を1万円増やすために、100万円の売上が必要なこともあるのです。

そう考えると、節税対策がもたらすインパクトの大きさがご理解いただけるはずです。だからこそ、優良企業といわれる会社は、熱心に節税対策を施しているのです。

メリット④役員・社員・取引先を豊かにし、安全・安心な暮らしを実現する

節税対策というと罪悪感をもたれる方も多いように思います。それは節税対策の一面しか見ていないといわざるを得ません。

罪悪感を覚えながら、会社で節税した分をあなたが独り占めしたとしましょう。すると、その分に対して所得税が課されます。所得の額が大きくなると所得税のほうが法人税よりも税率が高くなります。つまり、あなたが独り占めしてくれたほうが、全体として国の税収は増えることになります。財務省はニコニコと笑顔であなたの独り占めを歓迎するでしょう。全国民があなたに足を向けて寝られません。

あなたが独り占めするのは忍びないと、社員に分配したとします。すると、社員の

支払う所得税が増えます。社員の年収はあなたより低いはずなので、所得税の税収は法人税の場合に比べて少なくなるでしょう。

しかし、税金だけでなく、健康保険や厚生年金などの社会保障費を含めて、国家の財政としてはプラスの効果があります。これでも財務省はニコニコと笑顔であなたを褒め称えることでしょう。なにより、社員のやる気と帰属意識が高まり、あなたの会社の成長にさらなる成長ドライブが期待できます。

あなたがどこにもキャッシュを使わずに、会社の預金口座にキャッシュを置きっ放しにしたとします。これもとても大事なことです。なぜなら、これから先、あなたの会社に何が起こるかわからないからです。

２００８年のリーマンショック、２０１１年の東日本大震災など、想像を絶するような苦境が訪れることがあるかもしれません。そうした事態にあったときに、そのキャッシュを使って、あなたの会社が倒産しないことがとても大事です。あなたとあなたの会社の社員の生活を、その資金が守ってくれることでしょう。

納税して手放してしまった資金が、被災したあなたの会社の元に還ってくるという保証はありません。あなた自身が自己責任でそれを手元に置いておく努力をする必要があるのです。

メリット⑤経済発展に寄与できる

節税対策の中でも、特にインパクトの大きなものは、**「租税特別措置法」**という特別ルールを根拠としています。租税特別措置法は、政府が政策的目標をもって、その時々に応じて設定する時限立法です。

最近の法人税率引き下げの議論の中で、実態は恒久的な減税制度になっていることが問題となっていますが、そもそもは、ある特定の時期において達成すべき政策目標を実現するために、その時々において設定されるのが原則です。

近年、大きな話題となっているのが、**「太陽光発電設備に対する即時償却制度」**です。

2011年の東日本大震災の際に、原発事故が発生したことで、原発のような放射能などの環境負荷の高い発電設備ではなく、太陽光のような再生可能エネルギーの活用へと舵を切るべきという機運が高まりました。これを国をあげて一気に推し進めるために導入されたのが、この制度です。

「即時償却」とは、設備を導入したらその**初年度で全額損金として処理できる**ということです。一方で、「固定価格買取制度」により、経済産業省に設備認定を受けた時点の定められた単価で、20年間継続して電力の買取が行われるため、大幅な天候不順などのイレギュラーな状態が起きない限り、安定した収益を上げることができます。

この結果、太陽光発電設備は、瞬く間に日本全国、特に遊休土地がある地方で普及することになりました。充分に太陽光発電設備ができ上がったことで、いまでは即時償却制度と固定価格買取制度の終了の時期が争点になっているほどです。

太陽光発電設備の即時償却制度に代わって、今後、大きなブームになりそうなのが、2014年1月20日から施行された**「生産性向上設備投資促進税制」***と**「中小企業投資促進税制」**です。この両制度とも、一定の要件を満たすと、即時償却や税額控除のいずれか有利な方法を選択できるようになっています（詳細は168ページでご紹介します）。

このように、政府が設定した目標実現に「協力する」ことで、節税ができるのです。

知っててトクする！04 CHECK↓
節税のメリットを最大限活用する

＊生産性向上設備投資促進税制は平成29年3月31日をもって終了しています。

05

起業5年目までに節税を知らないと損する5つの理由

理由①顧問税理士に的確に相談するスキルが必要

節税に関する知識は起業する前の段階から、ある程度知っておくべきだと思います。「ある程度」とは、顧問税理士に相談するべきかどうかが判断できるレベルです。

税務リスクがあるかもしれないという嗅覚が身に付かないと、無意識のうちに不利な取引を行ってしまう可能性があります。取引が完了してしまった後に顧問税理士に相談しても、「あの時、こうしておけば良かった」という過去の反省にしかなりません。

顧問税理士に毎月顧問料を支払っているのに、いつも損をした後に指摘されているようでは、顧問料を回収することができません。毎月面談する約束をしていたとしても、過去の取引のチェックだけをしてもらっていては、税務リスクは減らすことはできません。

あなたのほうから、「これから○○ということを始めようと思うのですが……」と相談しないと、顧問税理士から必要なアドバイスを受けることは難しいのです。

本書を読めば、この相談すべきかどうかの嗅覚が身に付くはずです。

3章以降で、具体的な節税対策を広く浅く解説していきます。

暗記する必要はありません。「あの辺に書いてあった」という当たりを付けておいていただければ充分です。

理由②利益が出ないと5年持たない。10年、20年と会社を続けるために節税対策が必要

起業5年目までの間に一度も黒字になっていないとしたら、おそらくすでにほぼ倒産の危機に直面していることでしょう。「会計上の利益」と「税務上の所得」とは概念が違うとはいえ、全く違うものでもありません。したがって、起業5年目まで会社が持続しているということは、それなりに所得が出るようになっているはずです。

実は**所得が出るようになってから節税対策を始めるという考え方では、損をすることになります。**

日本の税法では、「青色申告」といって、所定の届出手続き（186ページ参照）を行っ

たうえで、ある一定の要件を満たす帳簿を付けている場合には、赤字を数年間繰り越して将来発生する黒字と相殺することが認められています。したがって、赤字の時代に、たくさんの損金を作り出しておくことで、黒字になってもしばらく納税しなくても良いという状態を作り出すことができます。つまり、赤字の時も節税対策をしっかりやっておいたほうが良いのです。

もっとも資金調達など、会社を成長させるための行為を考えると、早期に黒字化するに越したことはありません。納税をしていたほうが銀行からの評価は高くなります。いずれにしても5年を超えて、10年、20年と会社を持続的に成長させていくために、キャッシュ・フローを好循環にする節税は、必要不可欠なのです。

理由③多く支払ってしまった税金を取り戻すことは容易ではない

一度、支払った税金を還してもらう手続きのことを「更正の請求」といいます。この手続きは２０１１年(12月1日)までは1年前までしか遡ることができませんでしたが、税制改正により、５年前まで遡ることができるようになりました。

この改正と同時に、「当初申告要件」の緩和も行われました。当初申告要件とは、通常の確定申告の際に実行しなかった節税対策について、更正の請求時点での実行を認めないという制度です。たとえば、税額控除は、2011年の改正前は更正の請求の対象外でしたが、税制改正により、更正の請求ができるようになりました。

このように税金を取り戻す道は、以前より大きく開かれた状態になってはいます。

しかし、そうはいっても簡単ではありません。

たとえば、単なる申告書の記載ミスであれば、更正の請求を行えば税金は戻ってきます。ただし、修正申告をして追加で納税する場合と違い、税務署から必ず確認の電話が入り、追加の資料の提出などを求められるのが普通です。資料の信憑性などに疑いがあるという判断がなされれば、税務調査に発展する可能性もあるでしょう。

また、税務処理に関して見解の相違のある部分を更正の請求をすると、申告書の記載ミスの場合と比べて、より綿密な審査が行われます。したがって、税務調査に発展する可能性は一層高まります。

こうした状況ですので、以前と同様に、**最初から最大限税額が少なくなるような申告・納税をしておくに越したことがない**のは変わりがありません。そのためには、早い段階から正しい節税対策に関する知識を持っておく必要があるのです。

理由④そろそろ税務調査が入る。入る前にちゃんとしておく必要がある

起業5年目くらいになると、税務調査が入る可能性が高くなります。10年間一度も接触がない状態にならないようにするという税務署内の内部的な目標があるという話を聞いたことがあります。私の感覚的にも税額が発生している会社には、3年目くらいから税務調査が入るという実感があります。

税務調査を受けるうえで一番危険なのは、中途半端な節税対策を実施している状態です。3章以降でご紹介する具体的な節税対策には、それぞれ要件が定められていますす。その要件を満たしていることがしっかりと確認できないと、税務署側が要件不備を立証し節税対策を否認してしまいます。

そうなると、その分の税金を追加で納めるだけではなく、**過少申告加算税というペナルティー**を支払わなければならなくなります。また、本来適用できない節税対策を、形式的に適用しようと、仮装（事実を偽ること）や隠ぺい（事実を隠すこと）を行った場合には、**重加算税という最も重いペナルティーが課される**ことになります。本書の内容を曲解し、素人考えで節税対策を行うと、そういうことが起こる可能性があるのです。

私は、あなたが単独で節税対策を行うことを想定して本書を書いていません。必ず

顧問税理士と相談のうえで節税対策を実行するようにしてください。

節税対策の実行時には、顧問税理士によく相談してから実行するほか、税務調査になった場合には、顧問税理士立ち会いの下、実施した節税対策が要件を満たしていることを、証拠となる資料を使いながら説明できるようにしておく必要があります。

この**資料は、税務調査が決まってから用意するものではなく、節税対策を実施する際に用意しておくべき資料**です。税務調査の際に、どのような質問があるかを予め想定し、税務署側から質問された際に、速やかに提出できるように用意しておくのです。

立証責任は税務署側にあるとはいえ、税務署側に反論できないのは困ります。適正な節税対策は一朝一夕ではできないと考えて、日々実行していくようにしてください。

理由⑤税金を払うのはあなたであって、顧問税理士ではない

最後に、顧問税理士に顧問料をお支払いくださる皆様に悲しいお知らせがあります。

法人税等の税金を払うのはあなたの会社であり、最終的に負担するのはその株主であるあなたです。

あってはならないことですが、仮に顧問税理士に相談して実行した節税対策が失敗

したとします。その場合、過少申告加算税などのペナルティーの額を含めて税金を払うのはあなた（の会社）です。顧問税理士ではありません。

あなたは国に税金を納めたうえで、ペナルティーの分については顧問税理士を訴えることで損害を回復することになります（本税の分については、元々支払わなければならないものを支払っただけなので顧問税理士に負担させることはできません）。

仮に首尾良く**損害賠償金をもらったところで、追加で納税した税金が還ってくるわけではありません。**つまり、顧問税理士に顧問料を支払ったとしても、あなた（の会社）の納税義務を顧問税理士に負わせることはできないのです。

なので、本書をうまく活用して、顧問税理士とタッグを組みながら適正な節税を実現していただきたいと思います。

知っててトクする！05　CHECK↓

節税対策は顧問税理士とチームで行う

会社のカネ回りを良くする節税3大原則

2章

節税というと、
難しく感じる社長も多いだろう。
たしかに、そう単純なものではないが、
原理原則は極めてシンプルだ。
本章では、会社のカネ回りを良くする
節税の3大原則についてお伝えする。

01

節税するときの大前提

①青色申告の承認申請が出ていることを確認

青色申告の承認申請書が提出済みかどうかを確認してください。この書類が提出されていて、かつ、正規の簿記の原則に従い帳簿が付けられている場合にしか受けられない節税対策があります。

具体的には、次に挙げたものが青色申告の会社だけに認められている節税対策です。

（1）欠損金の繰越控除（70ページ参照）
（2）繰戻還付制度（75ページ参照）
（3）少額（30万円未満）の減価償却資産の即時償却（101ページ参照）
（4）研究開発税制（200ページ参照）

（5）　設備投資促進税制（209ページ参照）
（6）　雇用促進税制（2－2ページ参照）
（7）　所得拡大促進税制（2－4ページ参照）

未提出の場合、いまから慌てて提出しても、残念ながら次の年度からしか青色申告はできません。設立初年度を除いては、新しい期が始まる前に提出しなければ、その期を青色申告できないルールになっているのです。

なお、設立初年度については、設立後3カ月以内に青色申告の承認申請書を提出することで初年度から青色申告をすることができます。これから会社を設立する人は、このルールを忘れないようにしておいてください（手続きの詳細は186ページ参照）。

②資本金等の大きさや従業員数によって採用できる節税対策が異なる

我が国の税法上は、小さい会社ほど節税対策の選択肢がたくさんあります。

法人税法では中小企業を対象とする節税対策の要件として、**「中小法人」**と**「中小企業者」**という概念を用います。

この2つはいずれも類似した概念なのですが、微妙に異なります。この2つの概念を使い分ける理由は、資本金が5億円を超えるような大きな会社のグループ会社を大企業とみなして節税対策の対象にしないようにするためです。この定義は下記のとおりです。以降は、本文中は、それぞれ断りなく書いていきます。気になったら、ここに戻って確認してください。

中小法人
資本金の額が1億円以下の会社をいう。1億円を超えると大法人という

中小企業者
資本金の額が1億円以下で、大法人の子会社等でないものをいう

③申告期限の確認

節税対策は時間との闘いです。もし、いまあなたが決算期末日を過ぎた状態でこの本を読んでいるとすると、申告期限までどれくらい時間があるかが非常に重要です。

無申告という状態は絶対に避けなければなりません。もっと節税したいから、申告期限を過ぎてから申告書を提出しようというやり方は、大きなペナルティー（納付すべき税額に対して、50万円までは15％、50万円を超える部分は20％の無申告加算税）があるので、オススメできません。極端な話、無申告のペナルティーは白紙で申告書を提出しても回避できます。とにかく期限内に申告書は提出するべきなのです。

申告期限の延長申請書を提出している場合は合法的に申告期限を1カ月延長することができます。この申請書を提出しない場合、申告期限は原則通り、決算期末日から2カ月後となります（手続きの詳細は190ページ参照）。

申告期限を延長するには1円のキャッシュも必要ありません。ただ、1枚の「申告期限の延長申請書」を提出するだけのことなのです。人生において、**時間を無料で購入できる数少ないチャンス**なのです。これを利用しない手はありません。

知っててトクする！06　CHECK↓☑
節税対策の前提条件を整える

02

節税の3大原則

会社の節税には、絶対普遍の3大原則があります。

【原則その1】税率を下げる

法人税の計算は次の数式により計算されます。

法人税 ＝ 所得 × 法人税率

したがって、所得が下がると法人税が下がります。さらに、中小法人の場合、所得が下がると適用される法人税率も下がります（51ページ図）。つまり、所得が減った分以上に税金が減る可能性があるのです。

所得の計算は次の算式で行われます。

所得 ＝ 益金 － 損金

【原則その2】益金を減らす・遅らせる

益金を減らせば所得は下がります。

益金を減らすということには、益金の計上を遅らせることも含みます。

なぜなら、所得の計算というのは、一会計年度毎に行うからです。

たとえば、益金の計上を翌年度に移動できれば、その分の税金は1年後の決算の後に支払うことになります。

節税という観点からは、益金の計上はできるだ

中小法人の適用税率

所得の額		法人税率	事業税率（所得割のみ）
下限	上限		
0	4,000,000	15.0%	3.4%
4,000,001	8,000,000		5.1%
8,000,001		23.2%	6.7%

※中小法人該当　※年間所得 2,500 万円以下

※法人税率は平成 30 年 4 月 1 日以降開始事業年度、事業税率は東京都の平成 28 年 4 月 1 日以降開始事業年度の分

け遅いほうが良いのです。

【原則その3】損金を増やす・早める

損金を増やすと所得が下がります。

益金とは逆に、損金を増やすということは、損金の計上を早めることも含みます。なぜなら、本来、翌年度の損金になるはずだったものを当年度に計上できれば、当年度の税金の支払いを少なくすることができるのです。

損金の計上は早いほうがいいのです。

収益と益金、費用と損金、それぞれの違い

節税するには、「所得」を減らす必要があることは説明したとおりですが、そもそも「所得」とは何かについて、まだ説明をしていませんでした。「所得」は「利益」と似ていますが別モノです。

利益は、収益から費用を差し引いて求められる数値で「会計上の概念」です。

これに対して、所得は、益金から損金を差し引いて求められる数値で「税務上の概

念」です。

会計上の概念と税務上の概念を比較するために、法人税を例に考えてみましょう。

法人税を還してもらったとき、会計上は収益になります。法人税は現金か預金で還してもらいますが、負債でもなければ資本でもないので、収益として処理するしかないのです。

この還ってきた法人税にまた法人税が課税されるとしたらどうでしょう。せっかく還してもらった法人税に対する法人税を納税することになります。税務署も面倒で困りますよね。ですから、還付されてくる法人税は、会計上は収益なのですが、税務上は益金に含めないことになっています。

逆に、法人税を支払った場合、会計上は費用になります。損益計算書の当期純利益のすぐ上に、法人税等が表示されているのは費用だからです。

この法人税を差し引いた後の利益に対して税率を掛けて法人税の計算をしてしまうと、また、費用である法人税の額が変わってしまい、その結果、利益の額が変わってしまいます。

そうなると……法人税の計算が循環してしまうことになります。これではいつまでたっても法人税の計算が終わりません。

そこで、支払う法人税は、会計上は費用なのですが、税務上は損金に含めないことになっているのです。

3章以降で具体策を見ていただくとわかることですが、**節税対策のメインは「損金を増やす」**です。益金の側でできる節税対策は限定的です。本書では2個しかご紹介しません。

「損金を増やす」節税で問題となるのが、「資産」です。支出をすれば損金が増えると思いがちなのですが、節税はそれほど単純にはいかないのです。

知っててトクする！07 CHECK→☐

節税の3大原則を理解する

03

節税と資産の関係

資産について

「資産」には、**「流動資産」**と**「固定資産」**と**「繰延資産」**があります。

10万円以上のモノを購入する場合、損金ではなく「固定資産」になります。

20万円以上のサービスの提供を受ける場合、その支出の効果が支出後1年以上継続する場合は「繰延資産」になります。また、金額に関係なく、商品を仕入れてまだ販売していない場合には「棚卸資産（流動資産）」になりますし、翌決算期以降に受けるサービスの代金を事前に支払った場合には「前払金（流動資産）」になります。

「固定資産」になるケースについて

1年以上利用可能な10万円以上の物品については「固定資産」として税法で定めら

れた期間に応じて損金化するようにルールが定められています。このように分割で損金化することを**減価償却**といいます。また、物品と書きましたが、ソフトウェアや商標権、借地権といった「権利」も無形固定資産という「資産」として処理する必要があります。

たとえば、決算月に、中古の4ドアのベンツを購入した社長がいたとしましょう。しかし、これは節税対策としては、それほど効果がありません。この購入費用の全額がその決算の損金にはならないからです。

4年落ちの中古車を購入すると、4ドアのベンツでなくても、中古の耐用年数（分割して損金処理する期間）計算を利用して2年間の分割で損金化できます。２０１４年7月時点では法人の場合２００％定率法という方法で償却することが認められているので1年で償却できます。1年だったら、全額損金処理でいけそうと思ったら大間違いです。厳密には月割り計算をしなければならないのです。つまり12カ月で分割費用計上ということです。

中古車の購入は、分割して損金処理する期間（耐用年数）が短くなるので、たしかに損金を増やす節税対策なのですが、決算月に購入してしまうと取得価額の1カ月分しか損金にならず、数百万円かけた節税対策の効果が12分の1になってしまうのです。

このように10万円以上の支出を伴う節税対策は、それが**資産になるかならないかで節税効果が全く違ってきます。**正しい知識を持たないで実行した場合、節税ができずに単に購入費用の負担で資金繰りが苦しくなるだけということになりかねません。

そもそも、ここで例にあげた中古のベンツも本当に自社にとって必要なものだったのでしょうか。ステイタスのために必要ならば、新車のほうが良かったのではないでしょうか。節税対策といえども、不必要なところにキャッシュを使ってはいけません。税金を少なくすることだけを目的とした支出は浪費でしかありません。

「繰延資産」になるケースも、金額基準が違うだけで、基本的には同じような考え方で理解していただいて大丈夫です。

「棚卸資産」と「前払金」のワナ

手っ取り早く節税したい。そう思って、ムキになって決算月に支出を行う経営者がいらっしゃいます。

そういう方が陥りやすいのが「棚卸資産」と「前払金」のワナです。

自分で収支に基づいて記帳をしていると陥りやすいのが**「棚卸資産」のワナ**です。

会計事務所の指導を受けて簡単な記帳をしている場合、商品を購入すると「仕入」という科目で処理します。

この処理は、毎月末に商品の棚卸をして「原価」を確定させることを前提とした処理なのですが、この処理を決算期末だけ会計事務所がすることになっているケースが多いようです。

そうすると、あなたが期末に節税対策として大量に買い込んだ商品は、あなたの手元にある間の決算書上は、購入した分が丸ごと原価なので一見節税対策が成功したかのように見えるのですが、会計事務所が棚卸の結果を決算書に反映させることで、実際は、すべて「原価」ではなく「棚卸資産」になってしまい、節税対策にはならないのです。

月次決算といえども、棚卸のように数字的にインパクトのあるところは、きちんと反映させておかないと月次決算の意味がないので、注意してください。

節税対策に詳しい人も陥りやすいのが**「前払金」のワナ**です。

「前払金」と似たような性質の科目に「前払費用」があります。「前払費用」には「短期前払費用」といって、翌期の分を決算月の下旬に支払うと支払った月の損金にできる節税手法があります（テクニック34「短期前払費用を計上する」164ページ参照）。

しかし、この「短期前払費用」にするべく支出したものが実は「前払金」であった場合、1円も節税にならないということが起きてしまいます。

「前払金」と「前払費用」の違いは、「等質等量」かどうかです。一定の契約に従い継続的に時間の経過に伴って役務提供を受ける場合は「等質等量」の費用として「前払費用」になりますが、1回こっきりだったり、毎月サービスを受ける量が違う場合には、「前払金」になります。

たとえば、社会保険労務士に支払う顧問料の前払分は、一定の契約に従って継続的に役務提供を受けますので、一見、前払費用のように見えますが、顧問の仕事量は毎月同じではありません。

したがって、等質等量の要件を満たさないことになります。この場合、「前払金」となり、仮に決算期末に1年分払っても、前払費用でないものに「短期前払費用」の適用はありませんので、支払った期の損金にはならないのです。「わかったような、わからないような」という感じだと思います。だから、節税に詳しい人も陥りやすいワナなのです。

このように節税しようと思うと、会計の知識から税務の知識まで幅広い理解が必要になります。中途半端な知識で実行すると、至るところに張り巡らされた「ワナ」の数々にはまってしまうことでしょう。

あなたが最低限覚えておかないといけないことは、
①キャッシュを使っても節税にならないことがある
②決算書の利益を減らしても節税にならないことがある
ということです。

取りうる節税対策の種類は本書に書いてあるとおりですが、具体的に実行する場合には、顧問税理士に相談して進めるようにしてください。

知っててトクする！08　CHECK↓☑
キャッシュを使えば節税になるとは限らない

カネ回りが良くなる節税テクニック48

3章

①いますぐやるべき節税策

節税対策は多岐にわたる。そのため、起業5年目までの社長は当然のこと、ベテラン社長でも、節税対策のすべてを把握している人は少ない。本章では、やらないともったいない、いますぐやるべき節税策を指南する。

テクニック

01

決算期の変更をする

難易度★★★　インパクト★★★　即効度★★★

★が多いほど難易度が高く、キャッシュ・フロー的インパクトが大きく、すぐに効果が出る

ルール変更による大胆節税策

節税対策が急に必要になるときがあるとしたら、突然大きな売上が発生したとか、大口の得意先と契約が決まって、今後、取引量が増えて利益が出ることが確定したシチュエーションでしょう。まずは、そういう状況の方に喜んでいただけるインパクトが大きい節税対策からご紹介するとしましょう。

決算期末日の変更は自由にできる

どの会社も1年に一度決算をしなければいけないことになっています。しかし、決算期末日を変更することは自由にできます。

こういうと驚かれますが、これは簡単にできます。

たとえば、３月決算の会社の場合で、３月末に多額の利益が計上されることが確定したとしたら、２月末決算に変更できます。

下の図をご覧ください。この会社が、これまでどおり、３月に決算をすると累計で１２５０の利益になりますが、２月で、決算を締めると、累計の利益は２５０で済みます。

仮に実効税率40％とすると、３月決算の場合には、５００の税金を5月末までに納税することになりますが、２月決算に変更した場合、４月末までに納税すべき税金は１００となります。

もちろん3月単月に発生した利益１０００に対する利益は1年後の2月末の累計の利益の一部として課税されます。しかし、来年2月末ま

	１月	２月	３月
単月利益	100	150	1,000
累月利益	100	250	1,250
３月決算の利益	→	→	1,250
２月決算の利益	→	250	―

での間に、今回節税した400を再投資し、これが成功すれば、あなたのキャッシュ・フローはここで節税した400以上に改善されることになります。

決算期変更をする場合、次の手続きが必要になります。

①臨時株主総会を開催し、定款変更の決議を行う
②決算日の変更を税務署に届け出る

銀行からの印象が悪くなる可能性もあるので注意

決算期変更を提案すると、よく「そんなことをして問題になりませんか？」といわれます。

決算期の変更は、頻繁にするものではないし、実際に実行する経営者も少ないので、そうした反応も理解できます。

確かなことは、「決算期の変更を規制するルールはない」ということです。

銀行の融資担当者に「怪しい」と思われてしまったら、融資が受けられないと心配になるかもしれません。

しかし、**銀行融資の可否は、返済能力があるかどうかが最重要**です。

63ページの数値例でもわかるように、決算期変更は、返済能力に問題が発生するどころか、より強固にするための行為です。

明確な財務戦略の一環として決算期を変更したことを説明すれば、融資は受けられます。少なくとも、私のお客様で決算期変更が融資に悪影響を及ぼしたことはありません。

知っててトクする！09　CHECK↓☐

決算期変更で節税につながるケースがある

テクニック 02

資本金額を見直す

難易度★★★　インパクト★☆☆　即効度★★★

資本金額が少ないほど節税になるケースが多い

期末日時点の資本金や資本金等の金額によって、税額や税率が変わるということがあります。

個別にはいろいろな条件がありますが、資本金または資本金「等」の額が少なければ少ないほど、節税ができるようになっています。

①法人税：中小法人の場合は「軽減税率」の適用や各種の優遇策を受けることができる

②事業税：資本金の額が1億円超だと「外形標準課税」が適用される。所得割に「超過税率」を課される自治体がある

③住民税均等割：期末の資本金「等」の金額によって税額が変わる
④住民税法人税割：資本金の額が1億円を超えると「超過税率」を課される自治体がある

資本金を減らす際の注意点

この節税を成功させるためには、「資本金」と「資本金等」の違いを理解する必要があります。それと同時に、税率等の適用基準が、「資本金」と「資本金等」のどれになるのかを、正確に把握しておく必要があります。

「資本金」とある場合、形式的に決算書に記載されている資本金の金額で判断して大丈夫です。

「資本金等」とある場合、資本金だけでなく「税務上の資本準備金」も含まれます。すごく理論的な部分なので理解するのは難しいと思います。決算書上の見た目だけでは判断できないということだけ知っておいていただければ充分だと思います。

キャッシュ・フローを良くするための節税という観点からは、短期的には効率が悪い節税になる可能性がありますので、注意して実行してください。

国税（法人税）

法人税の資本金の違いによる適用ルールは、下図のとおりです。

地方税（事業税・住民税法人税割・均等割）

地方税は、基本的枠組みは全国共通ではありますが、その名のとおり、地方自治体ごとに詳細なルールが違います。

したがって、詳細は、事業所が存在している地方自治体のホームページで各自治体のルールをよく確認するほか、直接電話して確認するなどしていく必要があります。

法人税の資本金額別の適用税率

法人分類	中小法人	中小法人以外
資本金の金額	1億円以下	1億円超
年800万円以下の部分	15.0%	23.2%
年800万円超の部分	23.2%	

減資の手続きについて

資本金を減らす減資をするためには、次の手続きが必要となります。

①株主総会を開催し、減資の決議
②減資の公告と知れたる債権者への催告手続き
③減資公告の日から1カ月経過した日から2週間以内に減資の登記

減資の手続きは、公告というプロセスが必要なので1カ月以上の時間が必要になります。したがって、早めに対応を開始する必要があります。

知っててトクする!10 CHECK↓

資本金の額で、税率や税額が変わる

テクニック

03

期限切れになる繰越欠損金を活用する

難易度★☆☆　インパクト★★★　即効度★★★

業績が悪いときにやるべき節税

法人税等の税金のうち、住民税の均等割以外は、所得がマイナスの場合には発生しません。つまり、節税すべき税金がないということになります。だからといって、何もしないでいると、「未来の」法人税額を増やしてしまう可能性があります。

業績が悪いときの節税は、業績が良いときの節税と逆で、所得を増やすことで「未来の」税金を少なくすることを狙います。

赤字の繰越には期限がある

青色申告法人については、法人税の計算において、過去の赤字を繰り延べて、その後の黒字と相殺して税金を計算するルールになっています。「赤字は最高の節税」といわれる所以です。

しかし、その赤字の繰越には繰越期限が設定されていて、永遠に繰り越せるわけではありません。繰越期限は、欠損金が発生した年度によって違います。

①平成13年4月1日より前に開始した各事業年度において発生……5年

②平成13年4月1日以後に開始した事業年度から平成20年4月1日より前に終了した事業年度において発生……7年

③平成20年4月1日以後開始した事業年度において発生……9年

古い事業年度から損金算入する

2つ以上の事業年度において欠損金が生じている場合には、最も古い事業年度において生じたものから順次損金算入をするルールです。

過去に一度に多額の欠損金を出している場合、毎年少しずつ欠損金を取り崩していったとしても、全額取り崩すことができずに期限切れを起こす欠損金が出ることがあります。

たとえば、平成19年3月期に発生した欠損金10億円は、平成26年3月期が控除できる最後の決算です（平成19年3月期の欠損金は上記の通り7年間の繰越しか認められていません）。

利益を出して繰越欠損を使い切る

あいにく平成26年3月期は赤字の見込みだとします。このまま赤字だと、平成19年3月期で発生した欠損金は、利用されずに期限切れになってしまいます。

この時、あなたがとるべき行動は、平成26年3月期を少しでも多くの黒字にすることです。

やるべきことは、**含み益（販売したときに出る利益）のある資産の売却**です。具体的には、含み益のある有価証券や全額または一部損金処理をしている生命保険の解約を検討してください。

これらの含み益は、今回のタイミングを逃すと、将来売却ないし解約した際に発生した所得に対して法人税等が課税されて

	3	2	1	単位：百万円	0
	23年3月期	24年3月期	25年3月期	合計	26年3月期
	50	—	20	1,170	—

しまう可能性がありますが、平成26年3月期中に処分すれば、過去の欠損金と相殺できるので、無税でキャッシュを手に入れることができます。これはチャンスですのでぜひ有効活用してください。

もし、有価証券が取引先との関係性で手放せないものであったとしても、上場会社の株式であれば、売却後すぐに市場から買い戻すこともできます。

また、生命保険については、保険としての保証を継続しつつ益出し（含み益のある資産を売却して、利益を出すこと）をしたい場合に、保険料の払い留めというやり方もあります。

仮に保険の解約返戻金のピーク前であったとしても、返戻金全体に法人税がかかるよりも有利なケースは多いと思います。

益出しの機会を逃し、そのまま繰越欠損金の期限切れを起こしたとしても、当期の納税額にはなんら影響がありません。また、継続的に赤字が続くなら、あとで益出ししたとしても効果

経過年数	7	6	5	4	
（平成）	19年3月期	20年3月期	21年3月期	22年3月期	
繰越欠損金の額	1,000	―	100	―	

は同じになる可能性もあります。

あなたの経営判断として、この期限切れの繰越欠損金をどうするのかは思案のしどころということです。

私は節税対策をキャッシュ・フロー改善の手法と考えていますので、できるだけ早い段階でキャッシュを確保するため、益出しをするべきだと考えます。しかし、節税対策を税金を少なくすることと考えるならば、やらない選択もあるということです。

この方法は、今年度すぐに効果のある節税ではありません。しかし、将来の法人税を少なくすることができます。たとえ赤字見込みでも、そこで節税策の検討を止めてしまうのではなく、少なくとも繰越欠損金の期限を確認して、有効活用の方法を検討することが大事です。

知っててトクする！！ CHECK→☑

繰越欠損金を有効活用する

テクニック 04

法人税の繰戻還付を活用する

難易度★★☆　インパクト★★☆　即効度★★☆

法人税を還してもらえる制度

赤字の場合に法人税を還してもらえる制度があります。「法人税の繰戻還付制度」といいます。還してもらえる税金は法人税のみです。この制度は「中小企業者」限定の制度で、還してもらえる税金は、1年前に払った税金が限度となります。つまり、**去年黒字で法人税を納めたが、今年は赤字で法人税が発生しない場合に使う制度**です。

なお、1年分還してもらうために、今年発生した赤字（繰越欠損金）を使います。したがって、そのまま赤字で申告して来期以降へ欠損金を繰り延べるか、いま赤字を使って（＝今年の赤字を前期に「繰り戻して」）法人税を還してもらうのかのいずれかを選択することになります。

税務調査になる可能性も

資金繰りを考えると繰戻還付を選択したいところですが、繰戻還付を行うと、税務調査になる確率が高まるといわれています。私の経験だとリスクを高めに見積もって五分五分です。ある程度覚悟しておいたほうが良いと思います。

税務調査を異常なほど怖がる経営者もいますが、9割の経営者の傍らには顧問税理士がいるはずです。顧問税理士と2人でタッグを組んで税務調査に当たるのであれば恐れる必要はないでしょう。

逆にいえば、顧問税理士が税務調査で頼りにならないのならば、還してもらう税金で、税務調査対応専門の税理士に依頼するという選択肢も検討しましょう。

知っててトクする！12　CHECK↓

繰戻還付を行うときは、税務調査に強い顧問税理士を

テクニック 05

売上計上のタイミングを遅くする

難易度★★★　インパクト★★☆　即効度★★☆

益金を減らす節税対策

経営者であるあなたからすると、税法は税金を取るための法律としか思えないでしょう。実際にその通りで、売上などの益金を減らす節税策は少なくて、節税対策のキホンは損金を増やす方法です。

「カネは天下の回り物」という考え方でいうと、あなたの益金は、得意先の損金です。益金の方の節税策にカギをかけておくことで、得意先が節税対策として、せっせと損金を作れば、あなたの会社の益金となり、結果的に税額が増えて、見事に税金を取れるように作られているのです。

節税を考えたとき、売上の計上タイミングは遅ければ遅いほうが良いです。特に起業5年目までの伸び盛りの会社の場合ならば、なおさらです。

なぜなら、売上の計上タイミングが遅いということは、課税されるタイミングが遅いということだからです。そして、売上が伸びている場合には、その効果が顕著に現れるのです。

そもそも売上の計上タイミングについて検討したことがない、そんな社長が多いように感じます。

「請求書を作ったら売上」なんていう考え方の経営者も多いです。

考えてみてください。請求書を出していなければ売上でないということにしたら、経営者はみんな、節税対策と称して請求書を出すのを翌期に回してしまいます。そんなことを税務署が許すわけがありません。

先ほどご説明したとおり、法人税を節税するには、売上の計上タイミングは遅いほうが良いので、自社のビジネスに適した基準のうち、**できるだけタイミングの遅い基準を採用するように**しましょう。もし、現状の基準から遅くすることが可能であれば遅い基準の採用を検討してください。

なお、売上の計上基準は一度決めたら「継続適用」が原則です。毎年都合良く変更することはできません。

売上計上の基準

法人税法上、認められている売上計上基準の主なものは次のとおりです。

請負の場合

・物の引渡しがある場合：その目的物の全部を完成して相手方に引き渡した日

・物の引渡しがない場合：その約した役務（サービス）の全部を完了した日

請負の場合は、相手方に目的物を引き渡した日をどのように確認するか、相手方に役務提供の全部を提供した日をどう確認するかの方法を確定させることを含めて検討する必要があります。

なお、予め仕様が固まっていて、それを満たした場合に役務提供が完了する業務を請負業務といいます。建設業、ソフトウェア開発は代表的な請負業務です。また、サービス業もコンサルティングやアウトソーシングなども請負業務になります。

物品販売の場合
・出荷した日
・相手方が検収した日
・相手方において使用収益ができることとなった日
・検針等により販売数量を確認した日　等

物品販売の場合は、出荷した日より、検収した日、検収した日より使用収益できるようになった日のほうが遅いですが、遅くなればなるほど、その確認という問題が発生します。したがって、単にタイミングが遅いという理由ではなく、引渡の日として合理的な日でないといけない点にも留意してください。

知っててトクする！13　CHECK→☑
売上計上の基準を決めておく

テクニック

06

仕入割戻を益金で処理せず損金のマイナスとする

難易度★★★　インパクト★☆☆　即効度★★☆

仕入割戻とは、家電量販店でいうインセンティブのこと

仕入割戻とは、仕入数量に応じて仕入先から受ける割引のことです。

今の時代だと**インセンティブ**といったほうがピンとくる方が多いかもしれません。たとえば、家電量販店が町の電気屋さんより安く液晶テレビが売れるのは、液晶テレビを大量に仕入れるからに他なりません。

家電メーカーは、町の電器屋さんと家電量販店には同じ価格で商品を卸す一方で、たくさん買ってくれるお店に対しては、その量に応じてインセンティブを支払います（最初から卸値に違いがある場合もあります）。

家電量販店はこのインセンティブ分を価格から差し引くことで安く商品を販売できます。この**インセンティブが税法でいうところの「仕入割戻」**なのです。

仕入割戻を受け取ったときに全額を「雑収入」として益金処理する方法が一番楽な会計処理方法なのですが、この処理を行うと受け取った期に全額益金に入ってしまいます。

先ほどの例にあげたように、仕入割戻は多くのケースで値引きの原資となるので、販売の都度益金で処理することに合理性があります。

そこで、仕入原価を減額する処理方法が存在し、法人税法もこの処理方法を認めています。

この処理を行うことで、仕入割戻の対象の商品が売れる都度益金に計上（＝実際には損金が減額）されることになるので、在庫に割り当てられた仕入割戻が益金に算入されないことによって、節税になるのです。

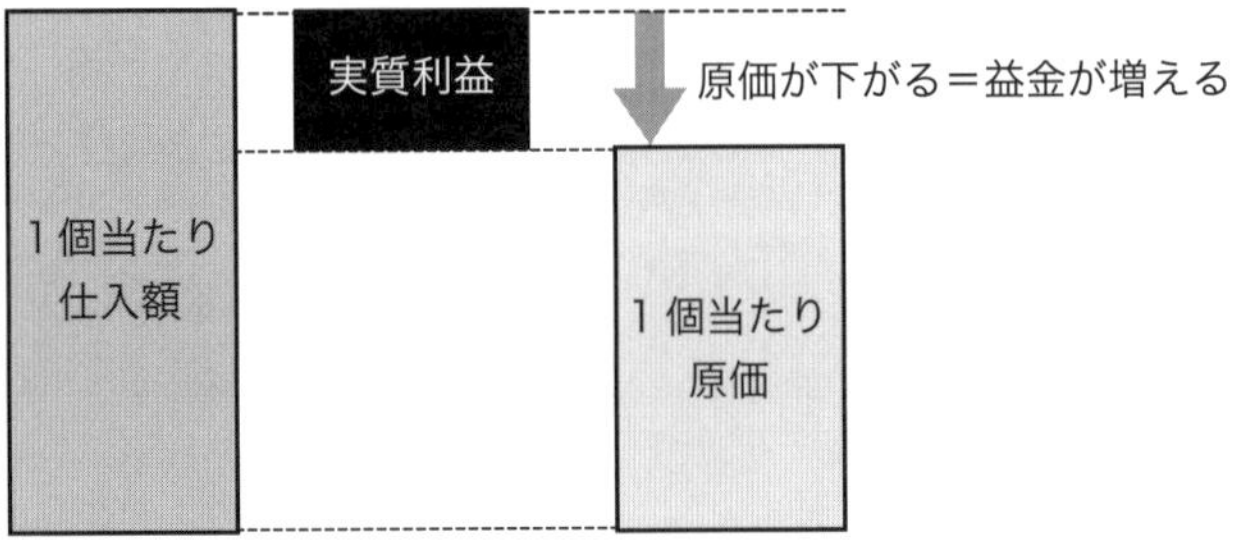

起業5年目までに仕組みを作るとよい

この方法を採用すると、会計処理と在庫管理が煩雑になります。仕組みを作ってしまえばそれほどでもないと思いますが、仕組みがない中で実行すると混乱を起こす可能性があります。

逆にいえば、**起業5年目までの初期の段階でこそ、こうしたことを仕組み化しやすい段階なので仕組み化しておくべき**でしょう。

この方法の欠点はこうした手間の割には、この処理を始めた最初の期に大きな節税効果がある一方で、2期目以降、法人税等の削減効果が減ることです。

しかし、こうした節税だからこそ早めの段階で導入して、起業5年を乗り切るために利用するべきでしょう。単なる税金を減らす効果ではなく、**キャッシュ・フローの改善という観点**を見据えて考えてほしいと思います。

知っててトクする！14　CHECK

仕入割戻を使った節税を仕組み化する

テクニック07

固定資産を見直す

難易度★★★　インパクト★★★　即効度★★★

固定資産の適正な処理が節税につながる

固定資産は、その他の資産より高額になります。したがって、固定資産の処理を最適化することで、多額の法人税の節税が可能になることがあります。

固定資産とは、たとえば、次のものをいいます。

①土地／②建物／③内装工事費やビルのエレベーター、空調設備などの建物附属設備／④パソコンや机、イスなどの工具器具備品／⑤車や船、飛行機も車両運搬具、船舶、航空機など／⑥駐車場の舗装も構築物／⑦ソフトウェア／⑧借地権や商標権などの権利（無形固定資産）／⑨敷金や保証金などの投資その他の資産という固定資産等

減価償却がカギ

固定資産は高額なので、原則として「減価償却」といわれるプロセスを経て、分割で損金化されます。この分割の期間のことを耐用年数といい、耐用年数が短ければ短いほど単年度の損金が増えて短期間で節税ができます。

極端な例をご紹介すると、土地は耐用年数が無限大なので、減価償却費はずっとゼロです。したがって、土地をたくさん買っても、1円も損金が増えません。

減価償却の計算方法は主に2種類あります。

定額法と**定率法**という方法です（86ページ図）。

節税効果が高いのは、定額法に比べて、早期にたくさんの金額を償却することができる定率法です。つまり、「できるだけ短期間に定率法で償却計算できるようにする」ことが固定資産に関する節税対策の基本的な考え方になります。

知っててトクする！15　CHECK→□

できるだけ短期間に定率法で償却する

定額法と定率法の比較

定率法は償却が早い！

	①	②	③	②－①	③－②
耐用年数	5年	5年	3年	定額法と定率法の比較	耐用年数3年と5年の比較
償却方法	定額法	定率法	定率法		
取得価額	1,000,000	1,000,000	1,000,000		
残存価額	1	1	1		
【償却費】					
1年目	200,000	400,000	667,000	200,000	267,000
2年目	200,000	240,000	222,111	40,000	△17,889
3年目	200,000	144,000	110,888	△56,000	△33,112
4年目	200,000	108,000	–	△92,000	△108,000
5年目	199,999	107,999	–	△92,000	△107,999
（償却費計）	999,999	999,999	999,999	–	–
【帳簿価額】					
1年目	800,000	600,000	333,000		
2年目	600,000	360,000	110,889		
3年目	400,000	216,000	1		
4年目	200,000	108,000			
5年目	1	1			

定率法で耐用年数３年が一番節税できる！

テクニック

08

付随費用を即時損金にする

難易度★★★　インパクト★★★　即効度★★★

損金にできるモノは早めに損金にするのが鉄則

固定資産を取得する場合にかかる諸経費のことを「付随費用」といいます。

これらのうち、次のものは固定資産の取得価額に含めずに即時に損金として処理することができます。

①固定資産の購入に伴う「関税以外」の租税公課等
②設計等の作業のうち不採用になったプランに関する費用
③取得する固定資産を変更したことに伴う違約金
④固定資産の取得に際して支払う利息

資産の取得価額に含めてしまうと、法定耐用年数の期間に渡って分割して損金になるため、一度に損金にしたほうが早く節税ができます。
「損金に落とせるモノは早めに落とす」というのが節税の鉄則なのです。

知っててトクする！16　CHECK→☑
損金を早めに計上する

損金に落とせるものは早めに落とす

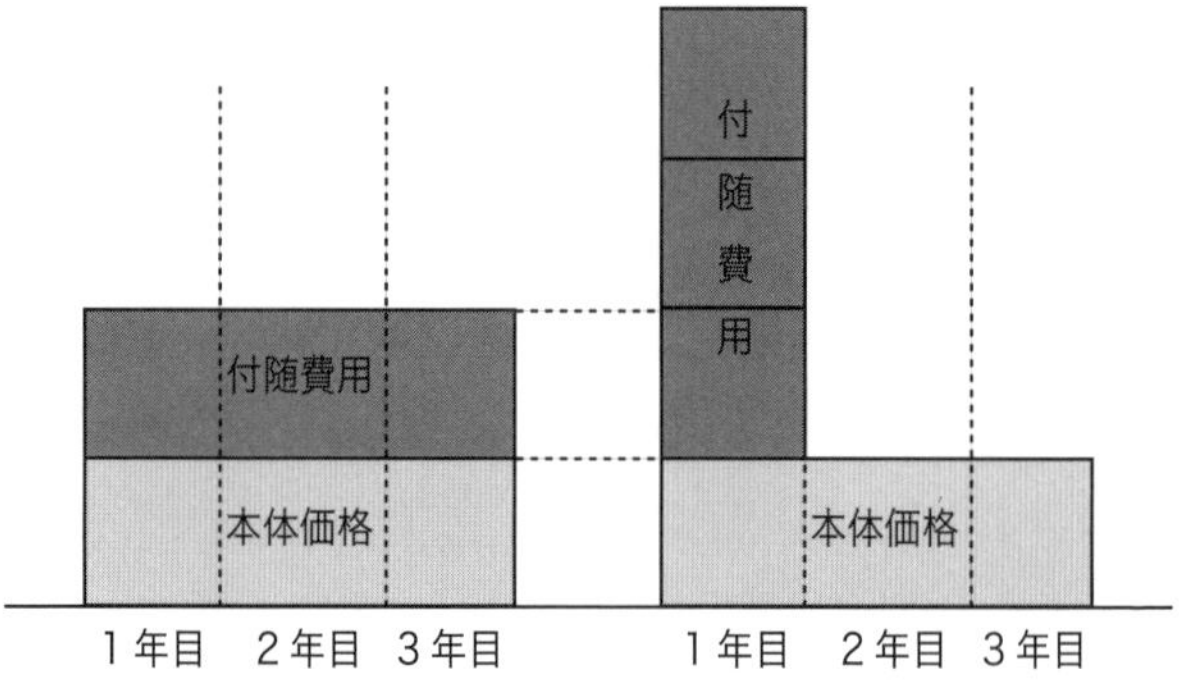

テクニック 09

設備投資の内容精査により耐用年数を短縮する

難易度★★★　インパクト★★★　即効度★★★

会計処理を変えるだけで節税できる

ここでいう設備投資とは、複数の資産の取得を目的に、一体として支出を行うことをいいます。

たとえば、本社ビルを建設するというケースを想定しましょう。まず、建物の躯体を作ります。そこに壁や天井を取り付けるでしょう。また、エレベーターの設置や空調設備、上下水道設備、電気設備も設置しないと本社機能が果たせません。これだけではなく、受付のブースや作り付けの棚や会議室の壁面にホワイトボードを設置したり、フロアー内にパーテーションも必要です。

このように、本社ビルの建設といっても、その中には**複数の資産が含まれているのが普通**です。

その際、これを「建物」として一括で処理することもできます。その場合、減価償却の方法は定額法となり、耐用年数も鉄筋コンクリート製で事務所用となると、50年という長期の設定となります。

しかし、これを、それぞれの資産区分ごとに適切に分割し、それぞれを区分処理することができます。その場合、建物になる部分とそれ以外の資産になる部分が発生します。

建物は耐用年数が50年と長期に渡りますが、**それ以外の資産は建物よりも耐用年数が短いので償却期間が短く毎年の償却費が増加**することになります。

また、建物は定額法が強制*されますが、それ以外の資産は定率法を採用することができます。そのため、投資直後の償却費はさらに増加します。

つまり、この節税対策は、設備投資という大きなキャッシュ・アウトの直後に、大きな節税効果が見込めるので、キャッシュ・フローの改善に大きく貢献することになるのです。

すでに設備投資の代金は支払い済みの状態でも、会計処理を見直すだけで、投資直後の損金を増やすことができるのです。

* 平成28年4月1日以降に取得する建物附属設備及び構築物についても、定額法が強制されることになりました。

「今期、設備投資をした場合」には、**いますぐ固定資産台帳の登録状況を確認**してください。もし、固定資産台帳に1行で設備投資額が登録されていたら、すぐに顧問税理士に処理の修正を依頼してください。

過去の設備投資が1行で登録されていることが発見されることもあるでしょう。この場合、残念ながら、それを税務上修正する方法は原則としてありません。

将来的に設備投資を行う際には、必ず、ここに書いてあることを思い出して、適切な処理を行ってください。

個別に精査することで耐用年数が短くなる

92ページの上の表は、100万円を一括して建物附属設備として処理した場合の固定資産台帳です。92ページの下の表は同じものを資産の種類ごとに精査して分割処理した場合の固定資産台帳です。

下の表の方の平均耐用年数が10年で、上の表が18年になっているのは、精査した結果、設備投資の内容の中に、耐用年数が短いものがいくつか含まれていたからです。

法人税法では、上の表のように一括して処理する場合にも、下の表のように精査して個別に耐用年数を適用することも両方とも認められています。

上の表のやり方は、建物附属設備というカテゴリーの中で、一番長い耐用年数を採用しているに過ぎません。こうすれば、個別に耐用年数を割り当てる手間と、取得価額を分割するという計算の手間が省けるからです。

固定資産台帳の例

■分割しない場合

	取得価額	耐用年数	償却率	年間償却費
建物附属設備	1,000,000	18年	0.111	111,000

償却費は3倍
耐用年数は約1/2

■分割する場合

	取得価額	耐用年数	償却率	年間償却費
冷暖房設備	470,000	15年	0.133	62,510
消火設備	300,000	8年	0.250	75,000
可動間仕切り	150,000	3年	0.667	100,050
消耗品	80,000	即時	1.000	80,000
	1,000,000	10年		317,560

一番長い耐用年数を採用する理由は、これを採用しておけば、税務調査の際に否認されないからです。税務署からすると、長い期間をかけて償却してくれればくれるほど償却費の額が少なくなり、その分、所得の金額が大きくなるので、結果的に納税額も増えて文句の付けどころがないのです。

固定資産台帳を確認して、適切な処理を

92ページの下の表のように、短い耐用年数を適用しない会社があるのは、下の表のように個別に資産毎に取得価額を分割し、耐用年数を適切に割り当てる作業に手間がかかるからでしょう。やり方を知らない可能性もあります。

上の表は設備業者に支払った金額をそのまま処理すれば良いだけですが、下の表を作るためには最終の詳細見積を元に、値引きや諸経費を含めて、個別の資産に支払額を割り当て分類する作業が必要になります。

私は過去に、1行で3億円の工具器具備品という固定資産台帳を見たことがあります。こうした大型の案件は少ないとは思いますが、数十万円、数百万円でも同様のケースをいくつも見たことがあります。

償却費の計算だけ会計事務所に依頼しているというケースもよく聞きます。ちゃんと詳細見積を資料として要求されたり、渡したりされているでしょうか。請求書だけを根拠にして、92ページの下の表のような処理をするのは不可能です。

税金を負担するあなた自身の目で、固定資産台帳を、決算に際してあらためて確認してみましょう。もし、複数の資産が1行で処理されていたら、この本を見せながら、顧問税理士に「下の表のように処理してほしい」と依頼をしてください。

知っててトクする! 17 CHECK→☐

設備投資を適切に処理することで節税効果がある

テクニック

10

ビルやマンション購入の際に「建物附属設備」の計上を検討する

難易度★★★　インパクト★☆☆　即効度★★★

建物附属設備は短期間で償却することが可能

ビルやマンションを購入した場合、一般的には「土地と建物の取得」というふうにいわれています。しかし、実際の建築費には、エレベーターや空調設備、上下水道設備など、「建物附属設備」に分類されるものも含まれています。

これらの内訳は新築のビルを購入する場合には明確なのですが、既設のビルやマンションを購入する場合には、内訳が明らかになっていることのほうが少ないです。

つまり、その購入費の中には「建物附属設備」に分類できる部分が含まれているにもかかわらず、**「建物」として処理されているケースが散見**されます。

なぜ、このようなことを指摘するかというと、建物の構造にもよりますが、一般的に建物附属設備のほうが建物よりも耐用年数が短いからです。たとえば、鉄筋コンクリートのマンションの建物は47年ですが、エレベーターは建物附属設備（電気設備その他）で17年が適用できます。

したがって、先ほどご紹介した固定資産の節税ルールである「できるだけ短期間に損金計算できるようにする」という観点から、**「建物の一部」を合理的な割合で「建物附属設備」に振り替える**と効率的です。

そうすれば、建物より短い耐用年数を適用することで、取得当初の損金を増やすことができます。

知っててトクする！18 CHECK→☐
建物と建物附属設備を区別する

テクニック 11

賃借期間での償却

難易度★☆☆　インパクト★★★　即効度★★★

内装工事費を早めに償却する方法

事務所等を定期借家契約により賃借している場合で、かつ、内装工事費を買取請求等ができないものは、賃借期間を耐用年数として償却することができます。

内部造作は、耐用年数が18年など長期に渡るものもありますが、契約内容によっては、賃借期間（2～3年）で償却できるケースもあります。

内部造作とは、建物を事務所や工場として利用するために行う内装工事に伴って取得する資産です。特に、賃借している建物について内装工事を行うと、賃貸借契約において、現状回復義務を負わされている場合には、契約を解除する際にこれをすべて撤去する必要があります。

このテクニックは、**賃貸借契約書を確認するだけでできる節税**です。具体的には、次の項目がすべて書いてあるかどうかを確認してください。

①定期借家契約であること
②契約の更新が賃借人の側からはできないこと
③内部造作について買取請求ができないこと

この節税対策の存在を忘れると、法定耐用年数で処理することになってしまいますので、新たな賃貸借契約を結んだ際には、この対策の適用の可否を忘れずに確認するようにしてください。

知っててトクする！19　CHECK→☑

賃貸借契約書をよく確認する

テクニック 12

事務所・社宅の敷金・保証金の返還不能部分の償却

難易度★☆☆　インパクト★★★　即効度★★★

事務所の場合

事務所や社宅を借りる際に、多額の敷金・保証金を支払っていることでしょう。この敷金・保証金のうち、一部ないし全部が、退去した際に返還されない契約でないか確かめてほしいと思います。

たとえば、月額賃料が30万円の事務所を借りることにしたとします。事業用の建物の賃貸借契約ということになりますと、賃料の6カ月から12カ月程度を保証金として支払うケースが多いです。

ここでは賃料の5カ月分を保証金として支払うとしましょう。そうなると保証金の金額は150万円になります。この保証金のうち、「2分の1を償却」というような条件が付く場合があります。これは150万円の2分の1は還ってこないという意味です。今回、節税対策になるのは、この戻ってこない75万円の処理です。

この返還されない部分は、5年以内に償却することができます。

社宅の場合

社宅の賃貸借契約書に返還されない保証金の話が書いてあったら、保証金を償却する会計処理をしてください。この返還されない部分は事務所の場合と同じ話です。繰延資産は、20万円を超えない場合には一括損金として処理できるので、こちらの適用の可能性もあります。

事務所の場合は、20万円未満になる可能性はほとんどないと思いますが、社宅の場合には、むしろ一括損金処理できるケースのほうが多いと思いますので、忘れずに、この損金を取りに行ってください。

知っててトクする！20 CHECK→

返還不能の敷金・保証金は償却する

テクニック 13

30万円未満の減価償却資産を購入した場合

難易度★★☆　インパクト★★★　即効度★★★

少額固定資産と償却資産税

「中小企業者等の少額減価償却資産の取得価額の損金算入の特例」により、中小企業者等は、30万円未満の減価償却資産を購入した場合に、その取得時に取得価額を全額損金処理することができます。ただし、年間総額３００万円が上限です。

この節税策は有名ですので、かなりの会社が適用していることでしょう。

手続きも簡単です。

まず、**取得した年度で全額償却費として損金処理**をします。その後、その年度の法人税の確定申告をする際に、別表十六（七）を添付して提出するほか、同時に添付する「適用額の明細書」にこの特例を適用した額を記入すればＯＫです。

しかし、10万円以上、20万円未満の資産について、この特例の適用を受けると増税になることは意外と知られていません。増える税金は償却資産税という固定資産税です。

たとえば、15万円のパソコンを10台購入したとして両者の節税インパクトの違いを数字で確認してみましょう（下図参照）。法人税の節税という観点からは、初年度に一度に損金算入できる少額固定資産の特例にメリットがあります。しかし、償却資産税の課税が3年目以降も含めて発生します。取得後3年間で発生する償却資産税は節税額に対して4・3％です。これを高いと見るか低いと見るかで、いずれの方法を採用するべきかを検討することになります。

知っててトクする！21　CHECK→☐

償却資産税の申告漏れに気をつける

（単位：円）

種別		損金の額			計
		1年目	2年目	3年目	
損金の額	少額特例	1,500,000	−	−	1,500,000
	一括償却	500,000	500,000	500,000	1,500,000
法人税の節税額	少額特例	600,000	−	−	600,000
	一括償却	200,000	200,000	200,000	600,000
償却資産税	少額特例	15,400	7,100	3,300	25,800
	一括償却	−	−	−	−

テクニック

14 含み損のある固定資産を売却する

難易度★★★　インパクト★★★　即効度★★★

□買ったばかりの資産でも……

陳腐化した固定資産があるのであれば、買い換えを検討しましょう。帳簿価額よりも低い価格でしか売却できないことが逆に「メリット」になります。売却により顕在化した損失が損金になるため節税ができます。

たとえば、デジタル複合機を200万円で購入したとします。しかし、日進月歩の世界の中で、印刷スピードが2倍になる機械が、購入半年後に発売されたとしましょう。

幸い、この会社は業績が良いので新型機を購入する余力があるとするなら、古いデジタル複合機を売却して、新しい機器に交換することで節税になるほか、生産性アップによる費用削減効果が見込まれるはずですので、それとあわせて購入の是非を検討してみてください。

新型デジタル複合機が仮に今回と同じ２００万円だった場合、その購入資金として、下取価格（たとえば70万円）が使えるほか、節税額36万円についても納税額が減ることを通じて、間接的に新型機の購入原資として利用可能になります。

それも合わせると、実質的な買い換えに要するキャッシュは94万円（＝２００万円－（70万円＋36万円））となります。この94万円を生産性の向上によって、何年で回収できるのかが、買い換えをするかどうかの決め手になるでしょう。

もし、耐用年数の期間内に回収できるのであれば、ガマンして古いものを使い続けるよりも、買い換えのほうが合理的な判断ということになります。

知っててトクする！22　CHECK→☑
固定資産の含み損を活用する

テクニック 15

固定資産を廃棄する

難易度★★★　インパクト★★★　即効度★★★

固定資産除却損を活用する

事業に利用していない固定資産のうち売れない資産については廃棄することです。固定資産を廃棄した場合、廃棄時点の帳簿価額の分だけ損金が増加します。

この損金のことを「固定資産除却損」といいます。

この節税対策は**税務調査の際に、該当資産をいつ捨てたかを事後的に確認することが難しいので問題になることがあります。**いつ、廃棄したかによって、「固定資産除却損」が処理できる会計期間が変わるからです。

前期の所得が多い場合に、決算期末が過ぎてから固定資産を廃棄したことにする経営者が時々いるので、真面目なあなたに対しても同じような疑いをかけられるということです。また、もし、仮にこのような不正な税務処理を発見すると「重加算税」というペナルティーの対象となり、調査官の査定が上がるため、彼らはそうした事実が見つけられないかと必死になっているのです。

こうした要らぬ詮索を避けたい場合には、**「マニフェスト」と呼ばれる産業廃棄物業者が発行する廃棄証明書**を入手しておくようにしましょう。

固定資産の中でも、特にソフトウェアについては、除却の事実を証明するのが難しくなります。税務調査での立証責任は調査官側にあるとはいえ、マニフェストを用意しておけば、税務調査をスムーズに進行することができますので、取得しておくことをオススメします。

年2回の固定資産の実存確認をする

できれば年に2回は固定資産台帳に記載されている資産が本当に存在するのかを確かめてほしいと思います。

顧問税理士に経理処理を丸投げしている場合、社内ではすでに固定資産が廃棄されているのにもかかわらず、その情報が顧問税理士に伝わっておらず、すでに存在しない固定資産が帳簿に残り続けている可能性があります。

この**固定資産の実在確認は12月と決算月に実施**してください。

償却資産税は、毎年1月1日に存在する課税対象資産に課税されます。12月中に確認をすれば、本当は存在しない償却資産についてまで、償却資産税を支払うことにはなりません。また、決算月に確認すれば、固定資産除却損を計上し忘れることを防止することができます。

無駄な税金を支払うことにならないために一手間かけるようにしてください。

ここまでご説明したとおり、固定資産に関する節税対策は、多額の節税につながる可能性があります。したがって、法人税節税を考えるのであれば、まずは固定資産台帳から確認してほしいと思います。

知っててトクする！23 CHECK↓☑

固定資産台帳には節税のネタが眠っている

テクニック 16

売掛金・受取手形等の債権を貸倒損失・貸倒引当金で処理する

難易度★★★　インパクト★★★　即効度★★★

債権を損金にする

資産の評価を見直すことで損金にできる部分を見つけ出すことができます。

たとえば、売掛金のうち、回収不能な部分は**「貸倒損失」**、回収見込みが低いものについては**「貸倒引当金」**として損金計上ができます。

この項目では、まず、貸倒損失についてお話ししましょう。

貸倒損失には、損金計上しないといけないもの、損金計上できるもの、損金計上しても良いものの3種類が存在します。それぞれ簡単に説明しましょう。

①損金計上必須

このケースに該当する場合には、決算書上は貸倒損失を計上していない場合であっても、申告書上は損金処理する必要があります。したがって、節税対策というよりは、漏れなく確実に損金処理するための注意喚起の情報と考えてください。

逆に、決算上処理しなくても損金計上できるということは、このケースの貸倒処理が漏れた場合には、原則として申告書を出し直す必要があるということです。損金が増える（所得が減る）修正なので、修正申告ではなく、「更正の請求」という手続きが必要になります。

更正の請求とは、納める税金が多すぎた場合や還付される税金が少なすぎた場合に納税者がとる手続きのことをいいます。更正の請求書が提出されると、税務署ではその内容の検討をして、納めすぎの税金があると認めた場合には、減額更正（更正の請求をした人にその内容が通知されます）をして税金を還付することになります。更正の請求ができる期間は、原則として**法定申告期限から5年以内**です。

この処理の根拠となる通達の文章はかなり細かく規定されていますが、要約すると次のようなケースが該当します。

（一）法的整理により債権額の切り捨てが決まった場合

（2）法的整理によらない場合に債権者集会等で債権額の切り捨てが決まった場合

（3）取引先の債務超過が相当期間継続してしまい、その間、回収努力をしたが未回収の場合に、内容証明郵便等で債務免除を伝達した場合

②損金計上できるもの

回収不能の事実が明らかになった際に、担保がとってあり、担保物を処分した後であれば、帳簿上の貸倒損失処理を要件として損金計上ができます。

問題は「回収不能の事実」が何かです。残念ながら通達にも具体的には書いていません。税務署側にも明確な判断基準があるわけではないので、回収不能の事実をどう判断したのかの**証拠資料をきっちり残して**貸倒処理するべきものは処理していきましょう。

③損金計上してもよいもの

継続的に取引を行っていた取引先に対する債権のうち、次の要件を満たすもの

は、決算書上、備忘価額1円を残した貸倒損失処理を条件に損金計上が認められます。

（1）その資産状況、支払能力等が悪化したため、その後の取引を停止するに至った場合で回収予定日または最後の回収日から1年以上経過した債権であること

（2）営業保証金などの担保がある場合は担保を処分したうえで、その残額が回収に必要な経費を超えない

たとえば、1000円の売掛金があるとき、回収予定日から1年経過しても入金がなかったら、1円だけを売掛金として残して、残りの999円を貸倒損失として処理するのであれば、この999円分の貸倒損失の計上を認めるというルールです。

備忘価額を1円だけ残させるのは、まだ民法的に債権の消滅時効に到達していないので不良債権の存在を忘れずに「回収の努力を継続せよ」という意味です。

継続的な取引が条件の1つなので、不動産売買取引のようにスポット的に発生するような取引から発生した債権には、この規定を適用して貸倒損失を計上することはできません。

貸倒損失計上に関するエッセンスは上記のとおりですが、具体的に右記の規定を適用して節税をする場合、個別案件ごとに検討すべき事項は多岐にわたります。

顧問税理士によく相談して、節税対策を進めるようにしてください。

貸倒引当金の計上を検討する

売掛金等の債権の中に回収可能性の低い取引先に対するモノがあったら、貸倒引当金の計上

貸倒の処理	通達	状況	対象
損金計上必須	9-6-1	金銭債務の全部又は一部を切捨てた場合	全債権
損金計上できる	9-6-2	回収不能の金銭債権	
損金計上しても良い	9-6-3	一定期間取引停止後弁済がない場合等	売掛債権のみ

をして損金を増やすことができます。

これを**「個別引当の貸倒引当金」**といいます。

回収可能性の低いモノがない場合でも、過去に貸倒損失が発生した実績がある場合や資本金が1億円以下の中小法人に該当する場合には、**「一括引当の貸倒引当金」**の計上が可能です。

貸倒損失と違って、貸倒引当金はすべて経理処理が必要になります。

また、引当の要件は専門用語のオンパレードです。

ですので、あなたは不良債権化したものがあることを顧問税理士に伝えることに専念して、あとは顧問税理士に任せたほうが無難でしょう。

「個別引当の貸倒引当金」「一括引当の貸倒引当金」この2種類の貸倒引当金があることだけ覚えておいてください。

知っててトクする!24　CHECK↓☐

回収不能の債権を確実に損金にする

テクニック17

在庫品や貯蔵品を見直す

難易度★★☆　インパクト★★☆　即効度★★★

決算セールの意味

決算書上、棚卸資産や貯蔵品という勘定で処理されている資産について、いわゆる「損切り」を行うことで損金を増やすことができます。「損切り」とは、含み損を実現させることをいいます。含み損が実現すると帳簿価額が含み損の分だけ切り下がります。帳簿価額が切り下がるので「損切り」と呼ぶのです。

①決算セール（値引き販売）

節税対策が必要な状況になったら、必ず決算セールを検討してください。

決算セールでは、とにかくお客様に「引き取ってもらう」という感覚で在庫を吐き出すことが重要です。

通常のセールであれば次回の来店を促すような施策をセットしたりすることも重要ですが、節税対策という観点からは、あくまでも在庫商品については「損切り」をしないと意味がありません。

たとえば、決算セールで次回の来店の際に利用可能なクーポンを配っても、なんの節税効果にもなりません。それをやるなら、**必ず「損切り」とセットで実施**してください。

なぜなら、次回利用可能なクーポンを配るという方法は、会計的には配った期間の費用とすべきものですが、税務上、こうした費用は損金算入が認められていないからです。

この話は次の「商品評価損」の話にも関係ありますので絶対に間違えないようにお願いします。

決算セールは、大きな節税対策になるほか、キャッシュ・フローも大いに改善されます。納税資金の確保という意味でも効果は大きいのです。含み損のある商品を税金の代わりに原価で物納するということは認められていません。損切りして節税し、同時に売却代金を納税資金化するというのが賢い方法なのです。

②商品評価損【届出が必要】

「商品評価損」とは、売れ残りの在庫の含み損を「評価損失」として損金算入させる際の損失のことをいいます。

ページ下図の数値例をご覧ください。

低価法の評価損を損金に計上する際には、「適正な時価」がいくらなのかが問題となります。

これについては、平成20年3月期より、当該事業年度終了の時においてその棚卸資産を売却するものとした場合に通常付される価額（＝売却時価）となっています（平成20年の改正以前の時価はいわゆる再調達原価とされていました）。

この定義に照らすと、114ページで説明した決算セールは時価を算定するプロセスの一環ということになります。決算セールでの価格を

時価	購入時価で評価（再調達価格）	決算セール価格で評価
取得額	1,000	
時価	500	800
評価損失	△500	△200
法人税法上	×	○

目安として時価を設定すれば客観的な情報が得られるので、税務署に対して主張しやすい資料となりえます。

決算セールを、「節税戦略」の一環と位置付けて実行に移し、売れ残り商品については「低価法評価損」で節税を実施するというのが、決算セールを利用した節税成功のシナリオなのです。

③商品廃棄

「決算セールに出しても売れない」「あまりに低価格で販売すると自社のブランド価値を損ねる」という場合は、商品を廃棄してしまいましょう。

この場合、商品を廃棄した証明書が必要となります。できるだけマニフェストを入手しておいてください（マニュフェストについては106ページ参照）。

知っててトクする！25　CHECK→□

節税につながるように決算セールを行う

テクニック 18

有価証券を見直す

難易度★★☆　インパクト★☆☆　即効度★★★

有価証券を評価する

株式や社債などの有価証券を保有している場合は、損金処理できる銘柄があるかもしれません。銘柄ごとに慎重に精査することをオススメします。

①含み損のある有価証券の売却を検討

有価証券に含み損がある場合は、該当する銘柄を売却すれば売却損を計上できます。

節税を考えるなら損切りを検討してみましょう。

有価証券の場合、売却損の計上には、証券の引渡が条件になりますので、期末日時点で確実に相手に引渡ができるように少し余裕をもって進めることです。証券保管振替機構を利用する上場有価証券取引の場合、取引日の翌日から3営業日後が引渡日となります。

②評価損の計上

起業5年目までだと、あまりないかもしれませんが、「つきあい」で上場会社の有価証券を持たされるケースもあります。こうした有価証券については、期末日時点で多額の含み損があっても、事業の関係上、売却することが難しいこともあるでしょう。また、倒産しそうな会社の株式の場合、誰も買い手がいないということもありえます。こうした**買い手がいない場合でも、含み損を「有価証券評価損」として損金算入できるケースがあります。**

なお、いわゆる売買目的の有価証券を時価法で処理する場合の評価損益の計上については、該当する会社が少ないと思いますので、割愛させていただきます。

上場有価証券の場合

上場有価証券の場合、取引所で形成された客観的な時価が存在します。保有する上場有価証券の**決算日時点の時価が取得価額と比べて50％を超えて下落しており、かつ、将来に渡って回復の見込みがない場合**に、取得価額と時価との差額を有価証券評価損として損金に算入できます。

非上場有価証券の場合

上場有価証券には、客観的に時価があるから良いですが、非上場有価証券にはそれがありません。

しかし、非上場の有価証券も価値が大幅に下落することがあります。その時には評価損が損金算入できるようになっています。

まず、**発行法人について特別清算など法的整理の決定があった場合**には、投資有価証券評価損を損金計上できると定められています。また、**１株当たりの純資産価格が取得時点と比べておおむね50％以上下落した場合**にも同様に、損金計上できることになっています。

債権の評価の場合と異なり、株主の権利として毎年決算書を入手できます。

したがって、毎決算期毎に1株当たりの純資産価額を算定し、「おおむね50%以上」の基準を満たしているかどうかの確認をするようにしてください。

この場合の純資産価額は時価で判定する必要があります。土地や有価証券などの含み損益が発生しそうな資産を投資先が保有している場合には、株主の権利を行使して、時価純資産価額の資料を入手するようにしてください。

知っててトクする！26　CHECK↓

有価証券に含み損があれば、損金処理する

テクニック19

ゴルフ会員権評価損を計上する

難易度★★★　インパクト★☆☆　即効度★★★

ゴルフ会員権の含み損も損金になる

経営者にはゴルフ好きが多いですが、実は、ゴルフ会員権の含み損も損金になるので、節税につながります。

ゴルフ会員権には、「株券方式」と「預託金方式」との2種類があります。株券方式か、預託金方式かは、会員券を見ればわかります。

株券方式の場合「株券」と書いてあります。預託金方式の場合は「預かり証」と書いてあります。

株券方式の場合には、テクニック18「有価証券を見直す『非上場有価証券の場合』」（120ページ）として評価を行います。

毎期、決算書が入手できるので、それに従って適切に処理してください。

一方、預託金方式の場合、テクニック16「売掛金・受取手形等の債権を貸倒損失・貸倒引当金で処理する」（108ページ）と同様の方式で評価を行います。

たとえば、ゴルフ場経営会社が民事再生法の規定による再生計画認可の決定を受けて、預託金の一部が切り捨てられた場合、その事実が生じた事業年度において、その切り捨てられた金額を貸倒損失として計上しなければなりません。

この場合、「損金計上必須」の貸倒損失なので、もし損金処理を忘れていたら、速やかに更正の請求を行って税金を取り戻すようにしてください。

知っててトクする！27　CHECK→☑
ゴルフ会員権の含み損で節税をする

テクニック20

買掛金・未払金を計上する

難易度★★☆　インパクト★★☆　即効度★★★

発生主義を徹底する

日本の会計制度は発生主義が原則です。発生主義とは、現預金の支出とは無関係に、費用の発生に基づき費用を計上するルールをいいます。

税法もこの会計のルールに従って計算することを前提としています。このルールに従うのは当たり前なのですが、現実には現金主義で記帳している会社や請求書が来たら計上するという「請求書主義」で処理している会社がかなりの割合で存在しています。

税務調査の際に「この損金が計上漏れなので税金を還しましょう」と税務署側から積極的に更正される可能性は限りなくゼロに近いです。これからお伝えする内容を参考に、**発生している損金を漏れなく**決算に取り込むようにしてください。

買掛金・未払金の計上

原価やその他費用のうち、納品や役務提供が完了しているものがあれば、損金処理することができます。

この現預金を支払う前に計上するための反対勘定がそれぞれ買掛金と未払金なので、この節税策を「買掛金・未払金の計上」といいます。

たとえば、3月決算の会社で、請求の締日を25日に設定している納入業者がある場合、3月26日から31日(決算日)までに納品された分は4月25日締めの請求書で請求されます。これを請求書が到着するのを待たずに、納品書等に基づいて6日分を追加で原価(損金)として処理することが、買掛金の計上による節税対策に該当します。

知っててトクする!28 CHECK→□

会計処理を正確にすることが節税につながる

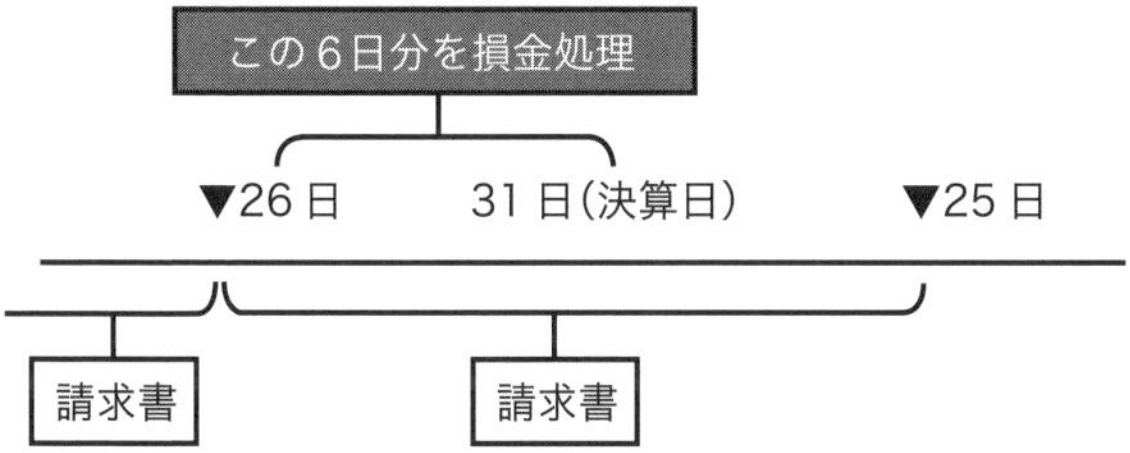

テクニック 21

売上割戻（リベート）を未払計上する

難易度★★☆　インパクト★★☆　即効度★★☆

リベートを活用した節税

いわゆるリベートのことを法人税法上は「売上割戻」といいます。

リベートが127ページの条件に合致する場合には、そのリベートをまだ支払っていなくても損金処理（未払計上）してもよいとされています。

ここで驚くのは、期中に通知していなくても、継続適用を条件に申告期限までに通知すれば良いとされていることです。

申告期限の延長をすると、決算期末日以後3カ月以内に通知すれば良いことになり、申告期限の延長申請を提出済みの場合には、この売上割戻を利用して非常に柔軟に節税対策が打てるのです。

ただし、なんでもかんでも自由にできるわけではありません。自社内で継続的に適用している売上割戻のルールが存在することが必要となります。

①その算定基準が販売価額または販売数量によっており、かつ、その算定基準が契約その他の方法により相手方に明示されている売上割戻については、販売した日の属する事業年度。ただし、法人が継続して売上割戻の金額の通知または支払いをした日の属する事業年度に計上することとしている場合には、これを認める

②①に該当しない売上割戻については、その売上割戻の金額の通知または支払いをした日の属する事業年度。ただし、各事業年度終了の日までに、その販売した棚卸資産について売上割戻を支払うことおよびその売上割戻の算定基準が内部的に決定されている場合において、法人がその基準により計算した金額を当該事業年度の未払金として計上するとともに確定申告書の提出期限（法第75条の2《確定申告書の提出期限の延長の特例》の規定によりその提出期限が延長されている場合には、その延長された期限とする）までに相手方に通知したときは、継続適用を条件としてこれを認める

売上割戻は、その金額について相手方に当面支払わない約束をしていても損金処理できます。具体的には、次のような場合です。

（1）リベートの額に利息を付け、この利息については支払うか、請求があれば支払うように契約する

（2）保証金として預かっている金額が売上割戻のおおむね50％以下になるようにする

（3）売上割戻の額を取引先名義の預金通帳に入金し保管する

知っててトクする！29　CHECK→☐

売上割戻と申告期限延長で柔軟な節税対策を実現する

テクニック 22

決算賞与を計上する

難易度★★☆　インパクト★★★　即効度★★★

決算賞与のルール

税金を払うくらいなら従業員に還元したい。そう思う人も多いことでしょう。

そこで、法人税法では、決算賞与について、以下の条件を満たす場合には、支払った期の損金ではなく、**未払金として会計処理した決算期の損金**とすることを認めています。

注意してほしいのは、賞与は原則として支給した日の属する事業年度の損金になるところを、特別に前倒しで処理することを認めているところです。

特別扱いなので、左記の要件を満たすことが条件です。

①その支給額を、各人別に、かつ、同時期に支給を受けるすべての使用人に対

して通知をしていること

②①の通知をした金額を当該通知をしたすべての使用人に対し当該通知をした日の属する事業年度終了の日の翌日から1カ月以内に支払っていること

③その支給額につき②の通知をした日の属する事業年度において損金経理をしていること

なお、**決算賞与は使用人兼務役員にも支払うことが可能**です。ただし、経営者の親族などでみなし役員に該当する人は、役員賞与扱いとなり、損金不算入となります。また、この賞与支給に伴い発生する社会保険料も同時に損金算入することが可能です。

知っててトクする！30　CHECK↓☑

決算賞与はルールを守って実施する

テクニック23

未納付の税金を損金算入する

難易度★★☆　インパクト★★☆　即効度★★★

税金を使って法人税等を節税する

税金も、一部を除いては損金算入することができます。しかも納税前に損金算入ができます。まだ**納付していない税金**があったとしたら、手元に納付書を持ってきて、未払計上しましょう。

損金の額に算入される**租税公課の損金算入時期**については、それぞれ次のとおりです。

①申告納税方式による租税

酒税、事業税、事業所税などの**申告納税方式**による租税については、納税申告書を提出した事業年度です。また、更正または決定のあったものについては、その更正または決定のあった事業年度となります。

ただし、その**事業年度の直前事業年度分の事業税および地方法人特別税**については、その事業年度終了の日までにその全部または一部につき、申告、更正または決定がされていない場合であっても、その事業年度の損金の額に算入することができます。

また、収入金額または棚卸資産の評価額に含めた申告期限未到来の酒税などや、製造原価、工事原価その他これらに準ずる原価のうちに申告期限未到来の納付すべき事業に係る事業所税を損金経理により未払金に計上したときは、その損金経理をした事業年度となります。

②賦課課税方式による租税
不動産取得税、自動車税、固定資産税、都市計画税などの**賦課課税方式**による租税については、賦課決定のあった事業年度となります。

③特別徴収方式による租税

ゴルフ場利用税、軽油引取税などの特別徴収方式による租税については、納入申告書を提出した事業年度です。

ただし、収入金額のうちに申告期限未到来のこれらの租税の納入すべき金額が含まれている場合において、その金額を損金経理により未払金に計上したときは、その損金経理をした事業年度となります。

④利子税・延滞金

国税の利子税や地方税の納期限の延長に係る延滞金は、納付した事業年度となります。

ただし、その事業年度の期間に対応する未納額を損金経理により未払金に計上したときは、その損金経理をした事業年度となります。

知っててトクする！31　CHECK→☑

未納の税金も損金計上する

テクニック 24

社会保険料の未払分を計上する

難易度★★☆　インパクト★★☆　即効度★★★

社会保険料の正しい会計処理とは？

給与の会計処理が難しいせいか、社会保険料が正しく発生主義で処理されているケースは多くありません。

健康保険と厚生年金については、当月分を翌月末に支払うルールです。たとえば、9月分は10月末に支払います。10月分は11月末に支払います。

したがって、正しい会計処理を行うと、毎月1カ月分が必ず未払金になります。**1カ月分を未払金にすると、その分だけ前倒しで損金を計上することになる**ので、節税効果があります。

現実にはそうなっていない会社が多いことが前提なのか、親切なのか、通達にはこの当たり前のことが書かれています（法人税法基本通達9－3－2（社会保険料の損金算入の時期))。

社会保険料の計上方法とは？

基本的に健康保険と厚生年金は労使折半です。

したがって、未払計上は社員の負担額と同額を計上しておけば、基本的に問題はありません。

しかし、社員の年齢が満40歳を超えると、その翌月から児童手当拠出金を「事業主のみ」負担することになります。社員の平均年齢が高いとそれなりの金額になる場合もあります（保険料率は標準報酬月額の1・5%）ので、できる方は拠出金を含めて未払計上をするようにしていただきたいと思います。

知っててトクする！32　CHECK→

社会保険料は発生月に損金処理する

テクニック 25

労働保険の未払を計上する

難易度★★☆　インパクト★★☆　即効度★★★

労働保険も節税できる

労働保険とは、労災保険と雇用保険のことをいいます。

労働保険の申告制度は、**「概算申告」**という制度になっています。

概算申告とは、**毎年7月10日期限**で、**その年の4月1日から翌年の3月31日までの分を予測して概算金額を申告納付**することです。

予測で申告しているので、翌年3月31日になると、通常、超過額か不足額が発生します。この不足額については、7月10日が申告期限なので、たとえば3月決算の会社の場合であっても、法人税の申告・納付期限の5月末（申告期限を延長している場合は6月末）以降に計算して、前期の決算に取り込むことができていないケースが散見されます。

しかし、3月末の時点で計算しようと思えば計算できますので、**不足額を3月決算において未払計上した場合には、損金に含めることができる**ものとされています。3月、4月、5月、6月決算の会社は損金処理を検討してみてください。

なお、超過額が発生する場合には、申告納付をした期の益金として処理することになっています。

また、そもそも本来は概算計上なので前払費用として処理するのが原則ですが、概算計上額のうち、会社負担分については、納付した日の損金にすることもできます。

知っててトクする！33 CHECK → □

労働保険の計算は4月に実施して早めに損金処理する

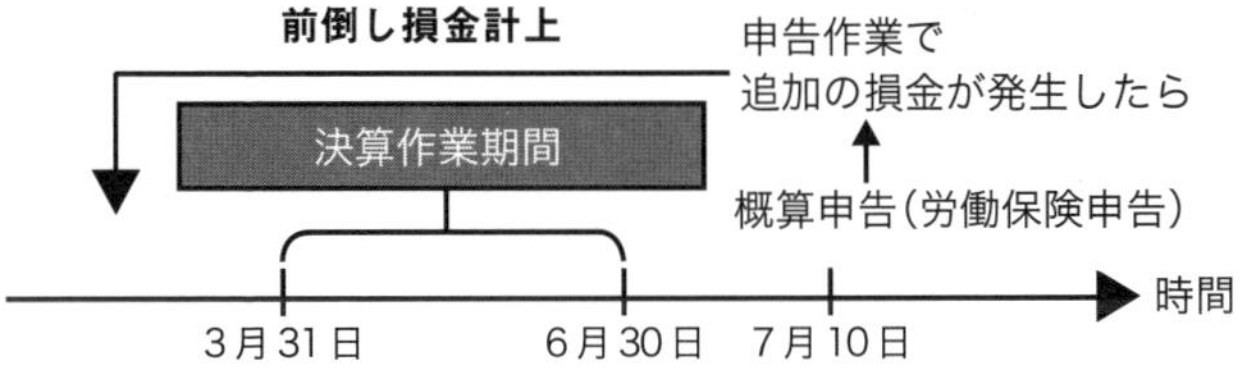

テクニック 26

未払費用を計上する

難易度★★☆ インパクト★★☆ 即効度★★★

未払金だけでなく、未払費用も活用する

未払費用とは、一定の契約に従い、継続して役務の提供を受ける場合、すでに提供された役務に対して、いまだその対価の支払いが終らないものをいいます。

未払金がサービスをすべて受けてから使用する勘定科目であるのに対して、未払費用は、継続的にサービスを受ける前提で、まだサービスのすべてが完了する前の段階で費用計上するための勘定である点が異なります。

たとえば、３月決算の会社に、利息は後払いで毎月15日に返済する契約の借入金がある場合、３月15日までの利息は支払い済みですが、３月16日から31日までの分の支払利息は４月15日まで支払う必要はありません。

この時、３月16日から31日までに相当する利息を損金処理するための相手勘定が未払費用です。

節税効果は買掛金・未払金の計上と同じで、未払費用を計上した分だけ損金を増やすことができます。

知っててトクする！34 CHECK→☐

会計的に正しい未払費用の計上が節税につながる

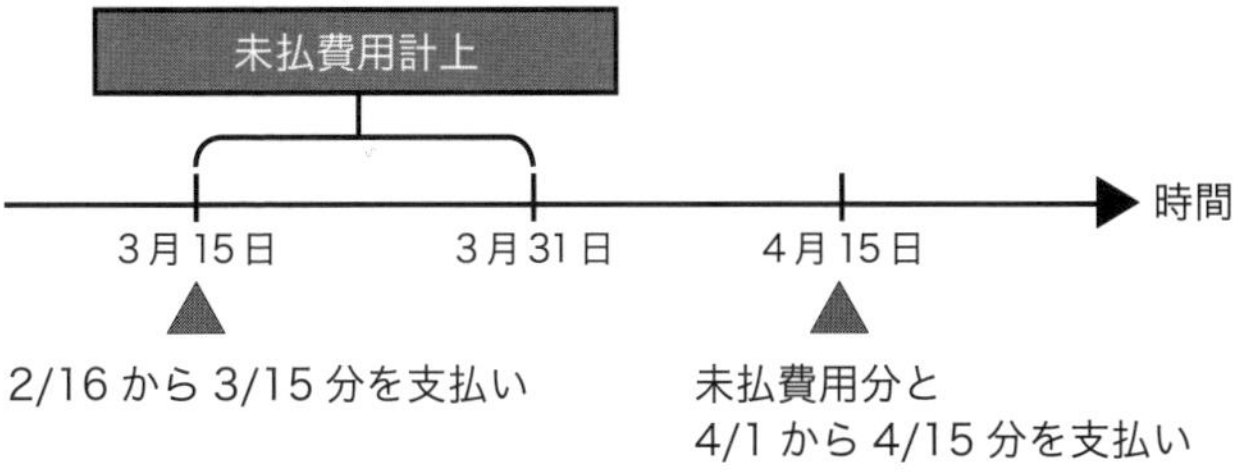

テクニック

27 生命保険で節税する

難易度★★☆　インパクト★★★　即効度★★★

節税しながら簿外資産を構築する

節税の目的がキャッシュ・フローの改善であるにもかかわらず、節税のためにお金を払うというのは本末転倒です。

しかし、その支払額が簿外資産として積み立てられるとしたら話は別です。簿外資産を作る際の支払額が損金になるということは、その節税効果を見込むと実質的な支払額が節税分減ることになりますので、簿外資産の実質利回りはそれだけ上がることになります。

我が国の法人税率は今後引き下げられることが予想されてはいますが、それでも、**簿外資産を作ることが有利な投資であること**には代わりがありません。

節税に生命保険を使うことを毛嫌いする人も多いですが、私は大いに検討に値すると思います。

節税も重要ですが、保険という「保障」も経営上必要だからです。

生命保険加入の目的を理解する

節税対策に保険を活用するのですが、そもそも、節税だけを目的に保険契約を締結することは、税務署が嫌う「経済合理性のない取引」です。

ですから、まずは**保険契約の目的そのものについて、しっかりと理解し、自社の経営における保険の位置付け**を理解しておく必要があります。

被保険者を経営者（役員）とする場合と従業員とする場合があります。

経営者を被保険者とするケースでは、次のような経営リスクに対する保障ができます。

①経営者の死亡によるリスク（経営の継続、従業員の雇用確保、借入金の返済等）
②経営者の就業不能（ガンなどの3大疾病、障害・入院の発生等）
③経営不安（景気変動、取引先の倒産時の損益調整等）

④大きな資金需要（経営者退職金、大規模修繕・設備投資等）

⑤事業承継・相続税対策（円滑な遺産分割・事業承継対策等）

いずれも大きな経営リスクですので、ある程度利益が出るようになったら、このリスクに対処するために保険の活用を検討すべきことを、ご理解いただけるでしょう。

また、従業員を被保険者とするケースでは、**従業員に対する福利厚生制度の1つとして、従業員の長期安定雇用と人材流出防止**に貢献することが期待されます。

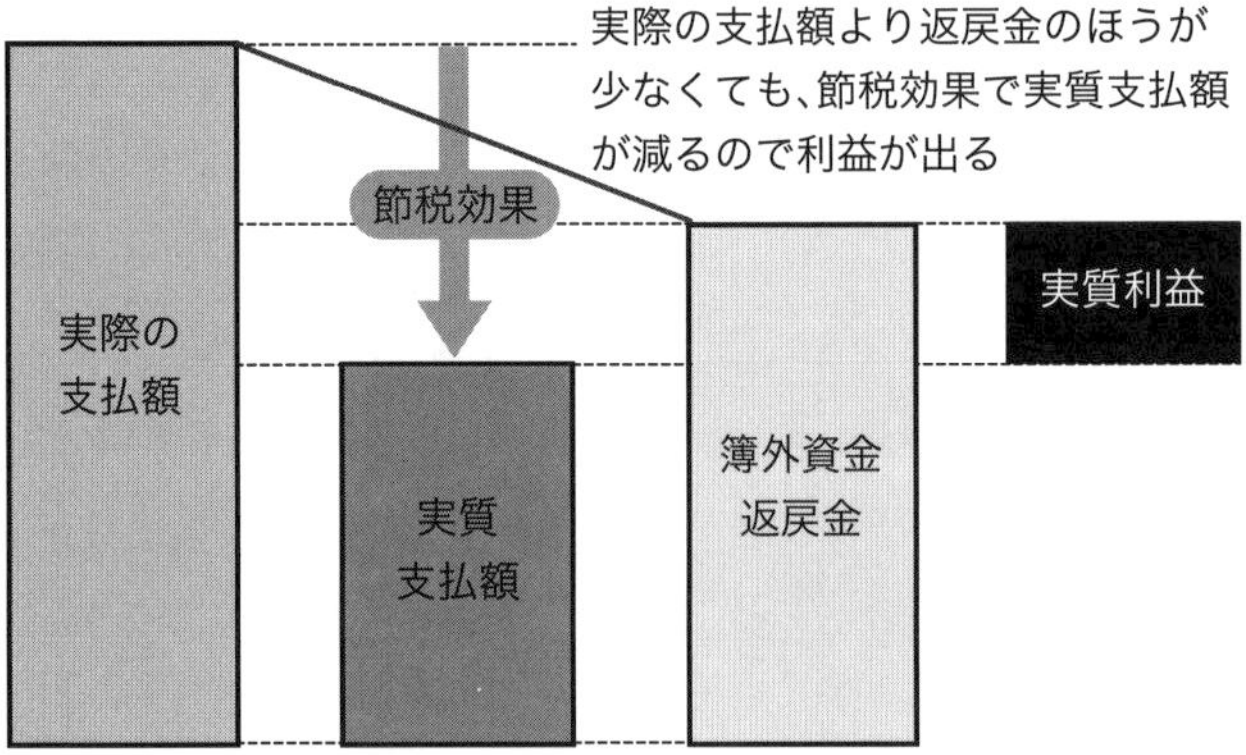

保険料の損金算入割合と節税効果の違い

生命保険を節税対策として取り組むのであれば、当然ですが、**保険料の全額が損金算入できるものが最も効果が大きい**です。しかし、1／2損金や1／4損金の保険は一時的な節税効果は全額損金よりも低いですが、保険契約期間全体で見ると、同じ効果なのです。

同一条件で損金処理割合ごとに比較したのが、下の表です。

当初の損金算入額は保険料が同じ100万円でも、それぞれ損金割合に応じて異なります。しかし、満期保険金が同じならば、結局、保険差益の額が損金割合と反比例することになるので、保険契約から解除までの全期間合計で比較すると、所得影響額は同じになるのです。

		金額損金	1／2損金	1／4損金	計算
保険料	①	1,000,000	1,000,000	1,000,000	
損金算入額	②	1,000,000	500,000	250,000	
資産計上額	③	0	500,000	750,000	①－②
満期返戻金	④	1,200,000	1,200,000	1,200,000	
保険差益	⑤	1,200,000	700,000	450,000	④－③
所得影響額	⑥	200,000	200,000	200,000	⑤－②

これは保険差益の額が、満期保険金から保険積立金（＝表中の資産計上額）を差し引いた金額になるからです。損金算入額が少なければ少ないほど、保険積立金の額が増加し、保険差益の額は減少します。逆に保険料が全額損金算入されると、保険積立金の額がゼロになるので、満期保険金の全額が保険差益になるのです。

もちろん、節税対策の目的はキャッシュ・フローの改善ですから、節税対策という意味では、早めに損金に算入したほうが良いことに変わりはありません。

しかし、節税対策に利用するのは生命保険です。

保険契約の全体の期間では所得に影響がないのであれば、必要な保険の内容を重視して契約したほうが良い結果をもたらす場合もありえると思います。

なぜ、このような説明をするかというと、過去に、法人の節税対策としては、単純にガン保険に加入しておけば良いという時代があったからです。

ガン保険は、全額損金算入できて節税効果も高く、かつ、保障の必要性という観点からも、ガンを発症する確率が高いことから、間違った選択ではありませんでした。

しかし、このガン保険は、２０１２年（平成24年）４月27日以降に契約するものから、損金算入割合が保険料の1／2に変更になったため、状況が変わったのです。現在も、全額損金算入できて解約返戻金が期待できる生命保険がないわけではありませんが、ガン保険に比べると保障という意味でピッタリあうケースは少ないと思います。

こうした状況を踏まえると、生命保険に期待する保障内容を明確にしたうえで、生命保険の契約内容を検討するという普通の時代が来たといえます。我々税理士も税法だけでなく、保険の勉強も必要になりますので大変ですが、生命保険会社とタッグを組んで、良い保険を提案していく必要性があるのがいまの現状だと思います。

生命保険を活用するためのポイント

生命保険を節税対策で活用する場合に注意すべきポイントとして、キャッシュ・フローの問題があります。生命保険の保険料は基本的に毎年(毎月)発生します。

つまり、今年100万円保険料を払う契約をすると、来年も100万円払う必要があります。

したがって、今年たまたま利益がたくさん出たからと大型の保険契約を結んでしまうと、来年以降の保険料が支払えなくなってしまう可能性があります。

通常、損金算入割合が高い保険のほうが、保険料に対する解約返戻金の割合が高まるまでに時間がかかります。つまり、節税狙いで全額損金算入の生命保険に加入しても、数年で保険料が支払えなくなってしまうと、その時点で解約すると全体として損失が発生する可能性が高いのです（ある程度は解約せずに対応する方法があります）。

したがって、生命保険契約を締結するにあたっては、当年度だけではなく、将来のキャッシュ・フローの見込みも踏まえて、契約内容を決めるようにしてください。生命保険は一時的な利益の節税対策には不向きなのです。

損金にならない生命保険もある

ある経営者が節税目的で加入したという保険が全額資産計上するものだったことがあります。つまり、1円も節税になっていない生命保険に加入していたのです。生命保険＝節税対策と短絡的に考えるだけで、事前に税務上の処理を確認していないからこういうことが起きます。

生命保険料を損金処理するか、資産計上するかについては、実務上は保険会社が作成する保険設計書等の資料に記載されています。したがって契約する前に必ず確認してください。

福利厚生目的で、社員・役員を被保険者として保険契約を締結することがありますが、その際、合理的な一定の基準に基づき被保険者を選出する「普遍的加入」でない場合、保険料が被保険者に対する給与として課税されてしまいますので、ご注意ください。

このように生命保険を利用した節税は、法人税だけではなく、所得税の知識も必要になるので注意してください。税務については顧問税理士によく相談するようにしましょう。

知っててトクする！35　CHECK↓☑

生命保険を活用すると、節税しながら簿外資産が構築できる

テクニック 28

経営セーフティ共済へ加入する

難易度★★☆　インパクト★★☆　即効度★★★

経営セーフティ共済とは？

「経営セーフティ共済」という制度があります（以前は「中小企業倒産防止共済」と呼ばれていました）。この制度の特長は次のとおりです。

①共済の掛金は全額損金算入
②掛金総額は800万円まで。掛金月額は5000円から20万円まで
③売掛金債権等が回収困難になると最大8000万円までの共済金の貸付が受けられる
④業績不振の場合に、一時貸付金として、その時点の解約手当金の95％の範囲で貸付を受けられる（2014年4月時点の利率は年利0・9％）

⑤40カ月以上払い込むと解約手当金で100％返金される。それ以下の場合は減額があるが12カ月以上払い込めば払込金の80％が解約手当として返金されるので節税効果を含めれば満額返金されてくると考えて良い

つまり、この共済に1年間加入すれば、絶対に損をしないということです。

決算時点で節税対策として実行する場合、短期前払費用（164ページ参照）を適用して1年分を年払いすると思いますので、その1回で損をしない節税対策ということになります。もし、生命保険による節税対策に抵抗があるようでしたら、こちらから挑戦すると良いでしょう。原理は同じですが、払込先が独立行政法人中小企業基盤整備機構という国の機関なので安心感があるでしょう。

始めるときには、日頃利用している銀行の支店窓口で申し込みしてください。

知っててトクする！36　CHECK↓☑

国の制度を使って簿外資産作りをする

テクニック29

人材採用費を前倒しする

難易度★★★　インパクト★★☆　即効度★★★

無駄遣いにならないようにする

来期以降に予定していた投資支出の一部を、前倒しして実行することで節税ができます（ただし、「短期前払費用」を除いては、支払いを行うだけではなく、役務提供の受領も完了している必要があります）。

法人税節税の目的は、あなたが**キャッシュ・フローを改善すること**です。節税した分、あなたの手元に少しでも多くのキャッシュを残し、それをまた事業に再投資するという成長サイクルを作り出すのです。

ポイントは、「節税以外の明確な目的があるかどうか」です。

1章の16ページでご紹介したとおり、経営とはキャッシュを使ってキャッシュを増やす活動です。つまり、キャッシュを使う際にはキャッシュを増やすという明確な意図があるはずです。

ある得意先と会食するとします。このとき、単に仲が良いので会話を楽しむために会食しているとしたら無駄遣いだと思います。親交を深めることで、より多くの取引を行うことを企図しているとしたら、前倒し実行になります。

人材紹介料は高い

採用Ｗｅｂサイトの製作、採用広告の出稿や会社説明会の実施など、外部に委託する採用活動を前倒しして実施することや、来期に予定していた採用自体を人材紹介会社に依頼して前倒しで実施することで損金を増やすことができます。

有能な人材に支払う人件費ほど投資効率の高いコストはありません。そのための資金なら、積極的に使っても良いでしょう。たとえば、人材紹介会社を利用する場合、通常、月給の３カ月分の紹介料が発生します。年収６００万円の人材を採用する場合、１５０万円の採用費がかかります。

起業５年目までの会社にとって６００万円の人件費もさることながら、１５０万円の紹介料の支出というのは清水の舞台から飛び降りるかの如く勇気のいることだと思います。こうした勇気のいることは、キャッシュに余裕のあるときでないとできません。

実効税率40％とすると60万円は節税で還ってきます。有能な人材を採用するために、こうした支出は節税ができるくらい好調な時に試しておきたいところです。

人材紹介料を前倒しする際に気を付けないといけないのは、**採用決定（または入社）を決算期末日以前に行わなければならない**ということです。決算期末を過ぎてしまうと、来期の損金になりますので、来期の業績が読めない状況だと重荷になる可能性もあります。

目論見通りに進めたい場合には、少なくとも決算期末3カ月以上前に決算の着地見込みを作成し、そこから前倒しの活動を開始するようにして、タイミングを逃さないようにする必要があります。

知っててトクする！37　CHECK↓☑

投資をしながら節税する

テクニック

30

広告宣伝費等を前倒しする

難易度★★☆　インパクト★★☆　即効度★★★

節税とあわせて、広告の精度を高めるチャンス

インターネット広告の入札数を増やす、ダイレクトメールの発送数を増やすといった、既存の広告手法の「量を増やす」だけではなく、普段使ったことのない媒体に広告を出すような**「質的拡大」をする絶好の機会**ととらえ、積極的に広告を出稿していくことで損金を増やすことができます。

たとえば、量的拡大としては、普段行っているリスティング広告の予算を増やすことで表示される回数を増やすことができます。また、クリック単価も設定を上げて広告枠で上位表示された場合に、どれくらい反応率が上がるかなどのテストを行うことができます。費用対効果が高ければ単価を上げたままにすることもできますし、そうでなければ、前と同じ単価に戻せば良いでしょう。

質的拡大としては、いままで出稿したことのない業界紙やフリーペーパーへの広告出稿などを検討してください。特に、広告費と売上の関係が明確にとらえられない媒体に出稿するのは、こうした余裕資金ならではの活用法だと思います。

キャッシュを使わずに売上を上げることなどできません。気合いで営業している会社であっても、営業電話をかければ通信費がかかりますし、飛び込み営業をすれば交通費がかかります。そして何より人件費がかかっています。つまり、その手法の受注確率が低いのなら、1件の受注当たりのコストは、それほど安くないことも多いでしょう。気合いも高くつくのです。

どこにキャッシュを投資するのか？　**節税対策の判断ひとつで、会社が化ける可能性**すらあります。あなたの判断が会社を変えるのです。

知っててトクする！38　CHECK→☐

節税しながら営業手法を拡張する

テクニック

31 修繕費を前倒しする

難易度★★★　インパクト★★☆　即効度★★★

資産になる場合もあるので注意

次期以降に予定している修繕について、当期中に実行し完了させられるものを前倒しで実行しましょう。

20万円以上の修繕費については、資産になる場合もあるため、修繕内容の精査を慎重に行い、損金になるものを優先的に実行する必要があります。

固定資産の修理、改良等のために支出した金額が次のいずれかに該当する場合は、修繕費（損金）として支出したときに損金算入が認められます。

①固定資産の維持管理
②固定資産の原状回復

その修理、改良などが、次のいずれかに該当する場合は、修繕費（損金）とはならず、資産（資本的支出）になります。

①固定資産の使用可能期間を延長させる場合
②固定資産の価値を増加させる場合

たとえば、次のような支出は原則として資産（資本的支出）になります。

①建物の避難階段の取付けなど、物理的に付け加えた部分の金額
②用途変更のための模様替えなど、改造や改装に直接要した金額
③機械の部分品を特に品質や性能の高いものに取り替えた場合で、その取替えの金額のうち通常の取替えの金額を超える部分の金額

ただし、次のいずれかに該当する場合には、その支出した金額を修繕費（損金）とすることができます。

①1つの修理や改良などの金額が20万円未満の場合
②おおむね3年以内の期間を周期として行われる修理、改良などである場合

次に、1つの修理、改良などの金額のうちに、修繕費（損金）であるか資産（資本的支出）であるかが明らかでない金額がある場合には、次の基準によりその区分を行うことができます。

①その支出した金額が60万円未満のときまたはその支出した金額がその固定資産の前事業年度終了の時における取得価額のおおむね10％相当額以下であるときは修繕費（損金）とすることができる
②法人が継続してその支出した金額の30％相当額とその固定資産の前事業年度終了の時における取得価額の10％相当額とのいずれか少ない金額を修繕費（損金）とし、残額を資産（資本的支出）としているときはその処理が認められる

知っててトクする！39　CHECK↓☑

修繕計画を常に立てておく

テクニック 32

交際費を前倒しする

難易度★★☆　インパクト★★☆　即効度★★★

交際費のルールはよく変わる

今期、節税を真剣に検討している状態ということは、利益がたっぷり出ていることでしょうから、多くの得意先や関係先の協力を得たということでしょう。決算が終了してから御礼の接待をすると来期の損金（交際費）になってしまいますが、決算期末が来る前に来期の仕事の依頼を含めて接待を実施すれば、当期の損金にすることができます。

資本金1億円以下の中小法人（大法人の子会社を除く）であれば**交際費が年間800万円までは全額が損金に算入**されます（接待飲食費の50％相当額が800万円より大きい場合には接待飲食費の50％相当額を損金算入することができます）。そのほか、交際費のうち、外部の得意先等との飲食費で1人当たり5000円以下のものは、交際費の

800万円とは別枠で全額損金算入できます。

このルールを上手に活用して、来期の利益を確保するような接待を実施してほしいと思います。

なお、交際費の損金算入額（枠）については、景気対策として何度も改正されています。右記したルールは現在（平成26年度）の税制ですが、今後、また改正される可能性がありますので、**最新のルールに従って処理**をするようにしてください。

具体的に見ていきましょう。

ある得意先を接待するとします。あなたとスタッフの2名と得意先の社長との3人で食事に行ったとします。このとき、居酒屋に支払った代金が15000円以内だと得意先を交えた1人当たり5000円以内の飲食費に該当するので、800万円の枠とは別枠で全額損金に算入することができます。15000円を超えた場合は、年間合計が800万円の枠内に収まれば、全額損金に算入されますが、800万円を超えた部分は全額損金不算入となります。

なお、5000円基準を適用するためには、左記の事項を記載した書類の保存が必要となります。しかし、こうした要件を満たさずに5000円基準を適用している会社が散見されます。領収書の裏や領収書を貼るための台紙でもかまわないので、こうした書類を税務調査が来る前に用意しておくようにしてください。

①飲食等の年月日
②飲食等に参加した得意先、仕入先その他事業に関係のある者等の氏名または名称およびその関係
③飲食等に参加した者の数
④その費用の金額ならびに飲食店等の名称および所在地（店舗がない等の理由で名称または所在地が明らかでないときは、領収書等に記載された支払先の名称、住所等）
⑤その他参考となるべき事項

知っててトクする！40 CHECK→

交際費も計画的に使うと節税になる

テクニック 33

社員旅行を前倒しで実施する

難易度★★☆　インパクト★★☆　即効度★★★

社員旅行には2種類ある

どうせ税金を払うなら社員みんなでパーッと旅行でも、と考える社長も多いでしょう。また、どうせ旅行するなら研修旅行にして、来期以降の業績に貢献するものにしようと目論む社長もいるでしょう。

社員旅行と一口にいっても、前者のような**「慰安旅行」と後者のような「研修旅行」では、所得税法上の取り扱いが異なります。**

①慰安旅行の場合

所得税法上、慰安旅行が社会通念上一般的に行われていると認められる行事に該当し、次のいずれの要件も満たしている場合には、原則として、社員に対する給与としないことが定められています。

（1）当該旅行に要する期間が4泊5日（目的地が海外の場合には、目的地における滞在日数による）以内のものであること

（2）当該旅行に参加する従業員等の数が全従業員等（工場、支店等で行う場合には、当該工場、支店等の従業員等）の50％以上であること

しかし、この旅行代金が不相当に高額の場合には、社会通念上一般的に行われている行事には該当しないため、給与認定される可能性があります。

給与認定されると、参加した社員には所得税が課せられます。この所得税を社員に負担させてしまうと、慰安旅行に連れて行った意味がありません。かえってモチベーションを下げることになってしまいます。したがって、実際には会社が負担することになります。つまり、慰安旅行で節税しようとしても、社員の源泉所得税の分、損失が発生してしまうリスクがあるということです。

②研修旅行の場合

研修旅行には慰安旅行のような条件がありません。つまり、純然たる研修旅行には、給与認定される余地はないということです。旅行という意味では慰安旅行と同じなので、慰安旅行と誤認されることが税務リスクです。

研修旅行であることを明確にするためには、研修内容等の計画と実施記録を残し、研修の事実を客観的に証明する必要があります。できるだけ写真などを使って研修内容を「見える化」してほしいと思います。

ただし、研修旅行のついでに観光をしてくるような場合には、その**観光に相当する部分については、給与認定されます。**したがって、最初から行程表に従って、観光に相当する部分を除いた金額を研修旅行の経費として損金処理するようにしてください。

知っててトクする！41 CHECK↓☑
給与認定されるケースがあるので注意する

テクニック
34
短期前払費用を計上する

難易度★★★　インパクト★★☆　即効度★★★

簡単そうな節税対策のほうがワナが多い

法人税法上、翌期に役務提供を受けるものを当期に支払ったからといって、当期の損金にはならないのが原則です。

たとえば、翌期の事務所家賃1年分を当期中に支払ったとします。この事務所家賃は、支払いは当期ですが損金になるのは翌期です。なぜなら、事務所家賃は毎月の事務所の利用の終了をもって役務提供が完了するので、この時点でないと損金処理が認められないからです。

短期前払費用とは、右記の原則の例外として、次の要件を満たす場合に、支払った期の損金として認められる前払費用のことです。短期前払費用を計上することで、本来翌期の損金となるものを、前倒しで当期の損金とすることができるようになります。つまり、**「損金計上を早くする」**という節税効果があります。

①会計上、前払費用に該当すること
②支払った日から1年以内に提供を受ける役務に係るものを支払っていること
③継続してその支払った日の属する事業年度の損金の額に算入していること

これだけご覧いただくと、簡単な節税対策だと思われると思います。実際に、簡単そうに見えるので、かなりポピュラーな節税対策として実行されています。しかし、現実には非常に論点が多く税務調査で否認されやすい節税対策なのです。必ず顧問税理士に相談して、確実に節税をするようにしてください。

知っててトクする！42　CHECK→☑
安易な短期前払費用の適用は危ない

②自社の状況に応じて行う節税策

4章

節税対策は、闇雲に行ってはいけない。場合によっては、会社の資金繰りに悪影響を及ぼすことがあるからだ。本章では、効果は大きいが、注意しながら行う必要がある節税テクニックを伝授する。

テクニック 35

投資減税策を活用する

難易度★★★　インパクト★★★　即効度★☆☆

投資減税で投資リスクを減らす

「投資減税」とは、法人税法の要件を満たす設備投資を行った際に、通常の償却費の計算よりも多く損金にできる「特別償却」や、「税額控除」といって、投資額の一定割合を法人税額から差し引いて納税する方法のいずれかを行うことをいいます。

一般的には、税額控除以上の税額が発生している場合は、税額控除を選択したほうが有利で、そうでない場合は、特別償却を選択したほうが有利です。

たとえば、投資額の7％の税額控除ができる制度の場合、これを損金に換算すると、**実効税率が40％の場合、7％の2・5倍**（＝100％÷40％）**の17・5％に相当する損金を追加することができる**からです。投資直後に通常の減価償却費にプラスして17・5％に相当する損金を計上し、100の投資全体から117・5の損金を生み出すということです。特別償却は、あくまでも100の投資から100の損金を生み出すタイミングが早くなるだけで、損金そのものが増えるわけではありません。

しかし、近年、全額即時償却できる制度もありますので、ある程度の納税額があったとしても「必ず税額控除が有利」とはいえなくなりました。

したがって、節税対策を選択する際には、「特別償却」と「税額控除」のいずれを選択するかを慎重に検討するようにしてください。

この本を書いている時点でも、さまざまな制度が存在しますが、2014年（平成26年）1月20日から施行され始めたばかりの「中小企業投資促進税制」と「生産性向上設備投資促進税制」*について簡単にご紹介しましょう。

①中小企業投資促進税制

「中小企業投資促進税制」と「生産性向上設備投資促進税制」は、類似の制度で、双方とも2017年3月末まで適用されることが決まっている時限立法の制度で

＊生産性向上設備投資促進税制は平成29年3月31日をもって終了しています。

す（延長される可能性もあります）。

後述する「生産性向上設備投資促進税制」がすべての企業を対象法人としているのに対して、「中小企業投資促進税制」は、**①資本金1億円以下の中小企業、②資本金3000万円以下の特定中小企業者等を対象法人**としています。

中小企業投資促進税制を適用すると、たとえば、1台160万円以上の機械および装置を購入した場合、①資本金1億円以下の中小企業は30％特別償却（税額控除なし）、②資本金3000万円以下の特定中小企業者等は30％特別償却か7％税額控除かの選択適用ができます。

②生産性向上設備投資促進税制＊

生産性向上設備投資促進税制を適用すると、産業競争力強化法に規定される「生産性向上設備等」を購入した場合に、「全額即時償却」か「税額控除」かの選択適用ができます。

今回、産業競争力強化法ができたことによって、前記の中小企業投資促進税制の対象企業が同法の対象資産を購入した場合には、全額即時償却か投資額の7％

＊生産性向上設備投資促進税制は平成29年3月31日をもって終了しています。

の税額控除（特定中小企業者等は10％控除可能）から選択し、対象外の資産を購入した場合には、従来の中小企業投資促進税制を使い、企業規模に応じて、30％の特別償却か7％の税額控除から選択するというように、両制度を使い分けできるようになりました。

つまり中小企業者の設備投資による節税の幅が拡がったわけです。

生産性向上設備投資促進税制は、大きく2種類に分かれています。

「最新設備を導入する場合」と「利益改善のための設備を導入する場合」です。

それぞれ投資金額の条件などもありますので、顧問税理士によく相談して、対策を進めるようにしてください。

知っててトクする！43 CHECK→☑

投資減税は一番有利な方法を選択できる

テクニック

36 社長の自宅を買い取って節税する

難易度★★★　インパクト★★★　即効度★★★

持ち家を社宅に転用する

社長が持ち家の場合には、社長の自宅を法人で買い取ると法人税の節税ができます。

しかし、自宅を買い取るということは相当な資金が必要となりますので、自宅の担保価値と資金調達力とを勘案しながら慎重に進める必要があります。

また、会社で個人のように最長35年の住宅ローンを契約することはできません。会社で借りる場合には、10～15年程度の長期の事業ローンになることは、予め承知しておいてください。したがって毎月の返済額は増加することになります。

自宅を買い取ることで自宅にかかっている様々な費用を、法人で必要経費として落とすことができます。

たとえば、自宅の減価償却費、固定資産税、修繕費、借入金の利息、損害保険料など、持ち家の状態では所得税の必要経費にはなりませんが、**法人が所有するとこれらの経費が損金として認められる**ようになります。

一方で、法人は社長から賃料を取らなければなりません。

社宅の家賃は、所得税法上、固定資産税評価額を基準として計算します。バブル崩壊以降、固定資産税評価額は低迷しているため、税法のルールにしたがって計算された社宅家賃はかなり安いです。

社宅の家賃については、後ほど195ページの「社宅規程を整備する」で説明します。近隣の同一条件の賃貸家賃の相場が50万円程度のケースで、負担金額が10万円未満だったこともあります。

キャッシュ・フローに与える影響

社長の自宅を法人が買い取るということは、社長の住宅ローンを一括返済するということです。これにより、社長のキャッシュ・フローは大幅に改善します。

たとえば、社長が3000万円でマンションを購入したとします。金利5％、返済期間35年で住宅ローンを組んだとすると、支払う利息の総額は、元本に匹敵します。金利5％なんて「今は」ありえませんが、35年間ではわかりません。ちなみに多くの金融機関が住宅ローンの返済能力のシミュレーションをする際に用いる金利は、4％だそうです。

また、社長がすでに住宅ローンを返済済みの分は、会社から分割で代金をもらうようにすると良いでしょう。その分、役員報酬を減らせば、所得税の負担が減るだけでなく、健康保険や厚生年金などの社会保険料も削減できます。

健康保険料については、たくさん払っても少なく払っても受けられるサービスは同じですので、削減することのデメリットはありませんが、厚生年金については、年金の額が減りますので、その分は小規模企業共済（205ページ参照）に加入するなどの対策を別途採っていただけたらと思います。

知っててトクする！44　CHECK→

自宅にかかる費用を経費にできる

テクニック 37

退職金による節税

難易度★★★　インパクト★★★　即効度★★★

退職金の節税は慎重に

退職金は支払時に損金になります。もし、多額の退職金を支払ってもおかしくないような勤続年数が長い方や多額の役員報酬をとっている方に退職願える状況があるなら、節税対策が必要なほど儲かっている今こそ退職していただくタイミングということになります。

しかし、節税対策になるからといって、形式的な退職の状況を作ることに対して、税務署は厳しい目を光らせています。

たとえば、あなたがオーナー会社の2代目だったとします。顧問税理士に節税対策を相談したところ、節税になるから、先代創業者に代表取締役を退任して取締役顧問に就任してもらうようにアドバイスをもらいました。先代創業者は節税になるならと、代表取締役の座をあなたに譲り、退職金を5000万円もらいました。しかし、その後も実質的に経営は、先代創業者が取り仕切っています。取締役会の議長も先代がやっています。取引先との契約についても内容はすべて先代創業者が決めて、あなたは代表印の管理だけをしています。

このようなことは中小企業にありがちなことですが、この場合、当然退職金の損金算入は認められず、5000万円の退職金は税務上は「役員賞与」ということになります。

この場合、会社が支払った退職金5000万円は、全額損金不算入で法人税2000万円と、重加算税を600万円、その他延滞税も合わせて支払うことになるほか、先代創業者は所得税と住民税合わせて2500万円近くを納税することになります。5000万円の退職金が総額5000万円以上の納税になる計算です。

退職の事実は、形式ではなく、あくまでも実質的に判断するということは忘れないでください。会社の意思決定には一切関与しないというくらいの徹底した「退職の事実」を作らないといけないと心得てください。

退職金はハイリスク・ハイリターンな節税対策

税務署が退職金に厳しい目を光らせるには、もう1つ理由があります。それは退職金の場合、所得税が極端に安いからです。

退職所得は次の算式によって計算されます。

退職所得＝（受け取った退職金－退職所得控除）×1／2

また、税率も退職所得の場合、分離課税といって、給与所得とは別で適用することになります。退職所得控除の計算は次のように行います。

①勤続年数20年以下の場合：40万円×勤続年数（80万円に満たない場合は80万円）
②勤続年数20年超：800万円＋70万円×（勤続年数－20年）

したがって、先ほどの例でいうと退職金5000万円を勤続35年の社長がもらう場合、退職所得の額は、1575万円（＝（5000万円－（800万円＋70万円×（35年

－20年））×1／2）となります。この結果、所得税・住民税の額は700万円弱になり、手取額は4300万円強となります。

一方で、5000万円を役員報酬でもらうと、所得税・住民税の額は2200万円強、手取額は2800万円弱となり、実に1500万円強もの差額が出ることになります。退職所得がいかに優遇されているかがご理解いただけるのではないでしょうか。

退職金を否認して「役員賞与」にすると、法人税と所得税合わせて追加で納税させる税金の額が倍以上になるのですから、税務署がやる気になる理由もご理解いただけるでしょう。私たち納税者としては、こうしたことを踏まえて対応する必要があります。

退職金は生命保険で積み立てる

140ページで生命保険を活用した節税対策をご説明させていただきました。

実は、退職金と生命保険とは相性が良いのです。

保障のために積み立ててきた生命保険ですが、無事に経営者としての仕事を全うでき、退職のタイミングで生命保険を解約してみてはどうでしょうか。

組み合わせることで最強の節税対策になります。退職金という多額の「損金」と保険金という多額の「益金」を同時期に発生させると、双方が相殺されて保険金に課税されることがありません。

退職の時期までずっと節税対策が必要なほど所得が出続ければ良いのですが、現実には、経営者の高齢化により所得も年々減少するということがあります。そうした右肩下がりの状況でも生命保険に加入して、簿外に退職金資金を積み立てておくことで、多額の退職金を受け取ることが可能になるのです

しかも、このケースでは解約時に保険金に法人税が課税されません。つまり、保険料の節税効果だけが残ることで「課税の繰延」にもならないのです。

老後資金は法人で積み立てる

具体的に試算してみましょう。

いま、あなたが役員報酬を月額100万円もらっているとします。このうち、30万円を減額して生命保険料に充当するとどうなるかシミュレーションします。

役員報酬を月額30万円減額すると年間の役員報酬額の額面は３６０万円下がることになります。しかし、手取りは年間で２４３万円しか減りません。月額に戻すと20万円弱の減少となります。これは、報酬の減額により社会保険料と所得税の負担額も減るからです。

一方、役員報酬を支払う法人側では、役員報酬以外に社会保険料の会社負担分も減少するので、年間で３７８万円の負担減少となります。この負担減少を放置しておくと、法人税が課税されますが、これを生命保険料という損金に充当すると法人税額に影響はありません。

これを25年間継続するとします。すると、あなたの手取り収入は累計で６０８３万円減ることになります。これを補填するべく法人から退職金をもらってください。法人の負担減少額は累計で９４７３万円になります。生命保険を活用していれば、多少の利回りがありますが、単純化するためそれは無視して、これをそのまま退職金としてもらうとしましょう。

９４７３万円を退職金として受け取ると、勤続30年とすると手取りは７９１２万円となります。つまり、結果的にあなたの手取り収入は、１８２９万円（＝7912万円－6083万円）増加することになります。

あなたが個人で生命保険に入ると、所得税を支払った後の金額を生命保険料として払い込むので小さな保険契約にしか加入できません。また、不測の事態には、契約者であるあなたや相続人であるあなたの家族が保険金を受け取ることはできますが、法人には保険金が入らないので、従業員や取引先の生活の安定には活用できなくなります。

オーナー経営者の責任の取り方とは、法人契約の生命保険を活用して経営リスクを減らしながら、最終的には、退職金という多額の費用を保険金という利益で埋めて業績にもキャッシュ・フローにも影響を与えずに退職することだと私は思います。それが、一番インパクトの大きな節税対策につながっているというのがポイントなのです。

知っててトクする！45　CHECK→☑
経営者には経営者のお金の使い方がある

テクニック

38

従業員を役員に就任させ退職金を支払う

難易度★★☆　インパクト★★☆　即効度★★☆

使用人を役員にして退職金を損金に計上する

節税のために、業績に貢献した従業員を役員に抜擢することを検討してみてください。

普通の使用人が役員になる場合だけでなく、使用人兼務役員が兼務役員でなくなった場合にも、使用人分の退職金として合理的な額であれば損金算入することができます。

使用人が役員になるのに際して**退職金を1000万円支給した場合、実効税率40%とすると400万円の節税に**なります。

使用人を役員にするには、株主総会での取締役の選任決議が必要になります。

また、その際に、本人を含めた役員報酬総額の上限額についても、増加させる必要があれば決議をするようにしてください。本人に実際に支給する役員報酬の額については、代表取締役に一任する決議をしておけば良いでしょう。

取締役会の決議が完了したら、2週間以内に法務局に登記申請をしてください。

使用人の退職金については、退職金規程を整備しておきましょう。退職金規程は、少なくとも取締役会で承認の決議を採っておく必要があります。規程がすべての使用人に対して例外なく適用されていれば、基本的には不相当な支給という指摘はないと思います。

ただし、**みなし役員**といわれる同族株主とその家族については、別扱いです。形式上は使用人であっても、みなし役員しかいない会社で高額の退職金を支給する退職金規程を定めて支給した場合は、否認される可能性が高いのでお気を付けください。

知っててトクする！46 CHECK→☐

みなし役員に注意

カネ回りが良くなる
節税テクニック48
③来年度以降の節税に向けた準備
5章

効果的に節税対策を行っていくためには、
青色申告法人の申請や社内規程の
整備など多くの手続きが必要になる。
最後の章では、
来年度以降の節税に向けた
準備のポイントを紹介しよう。

テクニック 39

青色申告承認申請書を提出する

難易度★☆☆　インパクト★★★　即効度★☆☆

青色申告法人になる方法

最後の章では、来年度以降に向けた節税対策を紹介しましょう。

「青色申告書の承認の申請書」を提出しましょう。

これまで説明してきた節税対策のうちのいくつかは青色申告法人でないと実施できません。

この申請は**会社を設立後3カ月以内に提出する必要**がありますが、そこで提出し忘れてしまうと、青色申告書の承認の申請書を提出した翌年度からしか青色申告法人になれません。来年から各種節税対策をフルに行いたいなら、提出するのは「今です」。

「青色申告書の承認の申請書」は、国税庁のＨＰからダウンロードすることができます。顧問税理士の署名押印するところがありますが、なくても書類を提出することはできます。記入が終わったら、税務署の窓口に持参するか郵送で届け出てください。

なお、提出する記入済みの書類を予めコピーして控えを自分で用意し、提出時に持参するようにしてください（郵送する場合は控えを同封したうえで返送用の封筒の用意が必要になります）。

持参した控えに受付印をもらったものを、届出の証拠として保管するようにしてください。

知っててトクする！47　CHECK↓

☑ 青色申告法人になると節税の幅が広がる

テクニック40

棚卸資産等の評価の届出をする

難易度★☆☆　インパクト★★☆　即効度★☆☆

□

「低価法」を適用できるようになる方法

テクニック17「在庫品や貯蔵品を見直す」（114ページ）で棚卸資産の低価法を説明しました。これを適用するためには、原則、「棚卸資産の評価方法の届出書」を、設立した期の申告書の提出期限までに提出しなければなりません（新規事業を始める場合は、新規事業を開始した期の申告書の提出期限までに提出）。

「棚卸資産の評価方法の届出書」は国税庁のホームページからダウンロードできます。その他提出にあたっての注意事項はテクニック39「青色申告承認申請書を提出する」（186ページ）と同じです。

似たような申請書に「棚卸資産の評価方法・短期売買商品の一単位当たりの帳簿価額の算出方法・有価証券の一単位当たりの帳簿価額の算出方法の変更承認申

請書」という長い名前の申請書があります。

この申請書は、棚卸資産の払い出し単価の計算方法を変更するための書類です。設立した期（または新規事業を開始した期）に**提出をしていないと、自動的に「最終原価仕入法」を採用**したことになります。この書類を提出することで「個別法」「先入先出法」「総平均法」「移動平均法」「最終仕入原価法」「売価還元法」の中から自社に適した方法を選択し、適用することができます。

厳密な意味で言葉を定義すると、低価法を採用するか、採用しないか（＝この場合原価法という方法を採用したことになります）は、棚卸資産の「評価基準」の問題です。そして、棚卸資産の払い出し単価計算方法は、棚卸資産の「評価方法」の問題です。法人税法上は、「評価基準」と「評価方法」の言葉の使い分けがなされていませんので混同しないように気を付けましょう。

知っててトクする！48　CHECK↓☑
低価法が適用されると節税体質になる

テクニック 41

申告期限の延長申請をする

難易度★☆☆　インパクト★★☆　即効度★☆☆

申告期限の延長はメリットがたくさん

申告期限の延長の特例の申請書を提出しましょう。
この申告期限の延長には、次のようなメリットがあります。

①申告書の内容について、節税対策の実施に漏れがないか等、1カ月間精査する時間が得られる
②左記のように申告書の提出期限までに届出を出せば会計方針を変更できるものが複数あるので、その手続きに1カ月の猶予が得られる
（1）棚卸資産の評価方法の届出
（2）減価償却資産の償却方法の届出

（3）有価証券の一単位当たりの帳簿価額の算出方法の届出　等

③役員報酬は株主総会の翌月からしか増減できない。延長によって進行期の損益状況を2カ月以上見たうえで定時株主総会で報酬の改定ができるので、精度の高い役員報酬の設定により法人税の節税が可能になる

④申告期限を延長しておけば、不測の事態であっても無申告の状態になる可能性が低くなる。無申告を2回続けると青色申告の取消になる可能性が高まるが、これを回避できる可能性が高くなる

しかし、気を付けなければならない点もいくつかあります。

①延長されるのは申告期限だけで、納税期限ではない

②消費税は申告期限の延長制度の適用対象外

「申告期限の延長の特例の申請書」は国税庁のホームページからダウンロードできます。

この書類を提出する際には、定款の写しを添付する必要があります。

なお、法定の開催期限は決算期末日から3カ月以内となっています。したがって、わざわざ2カ月以内と定めていなければ、ほとんどの会社が定款変更をせずに延長の特例の適用を受けることができます。

また、**地方税については、別途手続きを行う必要があります。**

地方税の延長の申請書は、自治体によって若干のフォーマットの違いがあります。事業所が存在する自治体のホームページを確認するか、または、電話で自治体に電話をして申請書のフォームを郵送してもらうようにしてください。

その他提出にあたっての注意事項は186ページのテクニック39「青色申告承認申請書を提出する」と同じです。

知っててトクする！49　CHECK↓☑

節税をフル活用するために申告期限を延長する

テクニック 42

出張旅費規程を整備する

難易度★★★　インパクト★★☆　即効度★☆☆

損金を計上するために、規程類の整備が必要なケースがあります。法人税の節税目的だと、福利厚生費に関連するところです。

出張日当の支給を可能にする規程を定める

出張旅費規程を定め、出張旅費の実費精算を止めて、出張日当の精算に切り替えることで法人税の節税と役員・社員の所得税の節税ができます。ここでいう出張日当とは、出張に伴う交通費、宿泊料と、現地での活動のための実費相当分となる、厳密な意味での日当のことをいいます。

たとえば、出張旅費規程において、社長に新幹線のグリーン車の利用を認めた場合、実際には普通車指定席を利用したとしても、該当する区間のグリーン車料金が損金として認められます。また、差額は所得税法上の給与とはなりません。

また、宿泊料金について、社長の場合は、1泊1万5000円と定めた場合、実際には1泊8000円のビジネスホテルに宿泊したとしても、1万5000円が損金として認められ、差額は所得税法上の給与とはなりません。

最後に、現地での活動費として、社長に対して1泊5000円を支給した場合、実際には、コンビニ弁当で500円で済ました場合であっても、5000円が損金として認められ、差額は所得税法上の給与とはなりません。

問題は、日当の額をいくらに設定するかです。

これに関しては、「社会通念上、通常必要と認められる範囲内」としか回答できません。税法や通達に金額の記載がないからです。具体的な金額の設定に関しては顧問税理士に相談して、判例などを参考に決めるようにしましょう。

知っててトクする!50　CHECK→☑

出張旅費規程を作って各種日当を損金算入する

テクニック43

社宅規程を整備する

難易度★★★　インパクト★★★　即効度★☆☆

社宅制度による節税

社員と役員を社宅に住まわせることで、法人税の節税と社員・役員の所得税の節税ができます。

社員・役員が支払う社宅負担金は益金になりますが、法人が支払う社宅家賃は全額損金算入されます。通常、所得税法に従って計算する給与と見なされない社宅負担金の額のほうが、社宅家賃よりかなり低くなるので、法人税の節税になるのです。

テクニック36「社長の自宅を買い取って節税する」（172ページ）でも少し説明しましたが、社宅の負担金は固定資産税の課税標準額を基準として計算します。したがって、バブル崩壊以降の不動産価格の値下がりに伴い、社宅負担金の額もかなり下がっていますので、大きな節税効果が見込めます。

たとえば、家賃30万円のマンションを会社で借り上げて、ここにあなたが住むとします。あなたの社宅負担金を所得税法に定められた方法で計算したところ、5万円だったとすると、差額の25万円が実質的な損金となります。

25万円を給与に追加して支給したとしても、法人としての損金の額は変わりがありません。しかし、25万円を給与として支給した場合、所得税や社会保険料が上がりますので、手取りの金額はそれよりも少なくなります。

つまり、25万円の部分は実質的に給料であるにもかかわらず、所得税と社会保険料を負担せずに家賃として充当できるほか、役員報酬として支給される残りの所得税と社会保険料の負担も、25万円を社宅賃料として別途支給されることにより下がるのです。

①社員の社宅の場合

使用人（＝社員のこと、以下同じ）に対して社宅や寮などを貸与する場合には、使用人から1カ月当たり一定額の家賃（以下「賃貸料相当額」といいます）以上を受け取っていれば給与として課税されません。

賃貸料相当額とは、次の（1）～（3）の合計額をいいます。

（1）（その年度の建物の固定資産税の課税標準額）×0・2％
（2）12円×（その建物の総床面積（平方メートル）／3・3（平方メートル））
（3）（その年度の敷地の固定資産税の課税標準額）×0・22％

使用人に無償で貸与する場合には、この賃貸料相当額が給与として課税されます。

使用人から賃貸料相当額より低い家賃を受け取っている場合には、受け取っている家賃と賃貸料相当額との差額が、給与として課税されます。しかし、使用人から受け取っている家賃が、賃貸料相当額の50％以上であれば、受け取っている家賃と賃貸料相当額との差額は、給与として課税されません。

ということは、社宅で一番得な方法は、賃料相当額の50％を社宅負担金にする方法ということになります。

② 役員の社宅の場合

役員に対して社宅を貸与する場合は、役員から1カ月当たり一定額の家賃（以下「賃貸料相当額」といいます）を受け取っていれば、給与として課税されません。

賃貸料相当額は、貸与する社宅の耐用年数と床面積により小規模な住宅とそれ以外の住宅とに分け、次のように計算します。

ただし、この社宅が、社会通念上一般に貸与されている社宅と認められないいわゆる豪華社宅である場合は、次の算式の適用はなく、時価（実勢価額）が賃貸料相当額になります。

社宅の床面積が１００㎡を超える場合には、小規模住宅に該当しない可能性があるので耐用年数の確認が必要です。また、プール付きの社宅は豪華社宅に該当する等、個別の要件にも注意が必要です。

1　役員に貸与する社宅が小規模な住宅である場合

使用人の場合と同じ計算をします。

2　役員に貸与する社宅が小規模な住宅でない場合

役員に貸与する社宅が小規模住宅に該当しない場合には、その社宅が自社所有の社宅か、他から借り受けた住宅等を役員へ貸与しているのかで、賃貸料相当額の算出方法が異なります。

（1）自社所有の社宅の場合

次のイとロの合計額の12分の1が賃貸料相当額になります。

イ　（その年度の建物の固定資産税の課税標準額）×12％

※ただし、建物の耐用年数が30年を超える場合には12％ではなく、10％を乗じる

ロ　（その年度の敷地の固定資産税の課税標準額）×6％

（2）他から借り受けた住宅等を貸与する場合

会社が家主に支払う家賃の50％の金額と、上記（1）で算出した賃貸料相当額とのいずれか多い金額が賃貸料相当額になります。

知っててトクする！51　CHECK→

社宅の節税効果は高いが要件が細かいので注意が必要

テクニック 44

研究開発税制を活用する

難易度★★★　インパクト★★☆　即効度★☆☆

2つの研究開発にかかる税額控除の制度

研究開発税制とは、研究開発活動を促進させるために、研究開発費の額の一定割合を税額控除できるようにした制度です。一般の中小企業でも適用可能性のある2つについて簡単に説明していきましょう。

①試験研究費の総額に係る税額控除制度

「試験研究費の総額に係る税額控除制度」は、その事業年度において損金の額に算入される試験研究費の額がある場合に、その試験研究費の額の一定割合の金額をその事業年度の法人税額から控除することを認める制度です。

この制度の対象となる試験研究費の額とは、**製品の製造または技術の改良、考**

案もしくは発明にかかる試験研究のために要する原材料費、人件費および経費のほか、他の者に試験研究を委託するために支払う費用などの額をいいます。

ただし、試験研究に充てるために他の者から支払いを受ける金額がある場合には、その金額を控除した金額が試験研究費の額となります。

この制度による税額控除限度額は、その事業年度の損金の額に算入される試験研究費の額に、一定の算式に基づく税額控除割合（10％以下）を乗じて計算した金額です。ただし、税額控除限度額がその事業年度の法人税額の20％＊相当額を超える場合は、その20％＊相当額を限度とします（平成27年3月31日までに開始する事業年度においてはいずれも30％相当額）。

②中小企業技術基盤強化税制

資本金が1億円以下の会社（大会社の子会社を除く）が適用できる制度で、基本的に①と同じ制度を、中小企業向けに控除割合を増やした制度なので、①との重複適用は認められていません。

この制度による税額控除の額は「中小企業者等税額控除限度額」といいます。

＊平成27年度の税制改正により、20％から25％に限度額が引き上げ

その額は、その事業年度の損金の額に算入される試験研究費の額に12％を乗じて計算した金額です。ただし、中小企業者等税額控除限度額がその事業年度の法人税額の20％相当額を超える場合は、その20％相当額が限度となります（平成27年3月31日までに開始する事業年度においてはいずれも30％相当額）。限度額の繰越控除制度も同様のものが認められています。

そもそも、研究開発税制を適用するためには、研究開発費を集計する経理処理が必要となります。通常、原材料費、人件費、業務委託費などの各勘定科目に計上されているもので、予め研究開発活動を定義して、損金を集計する仕組みを用意する必要があります。つまり、安易に実施できる節税策ではありません。

しかし、**試験研究費が損金になったうえで、税額控除を受けられるので、節税効果は非常に高い**です。実際に適用するのは大変ですが、検討する価値が大いにある節税策といえます。

知っててトクする！52 CHECK↓☐

研究開発税制の適用を検討する

テクニック45

役員報酬を改定する

難易度★★☆　インパクト★★★　即効度★☆☆

次年度の予算上考慮すべき事項

次年度の予算として真っ先に検討しなければならないのが役員報酬の額です。なぜなら、その改定のタイミングは、決算期末日後3カ月以内に行わなければならないからです。

また、設備投資や新規採用は、投資や採用のタイミングのみで成否を判断することができないため、中長期の事業計画の中で採用すべき人数を決める必要があります。その計画を立てる際に節税対策と絡めて、どのタイミングでどのように実施していくかを考えるようにしましょう。

設備投資や新規採用は、節税になるからと安易に実行するべきことではありませんが、一方で、その実施に伴い節税ができるということは、それらが失敗した場合のリスクを減らすことができます。上手に活用することを考えましょう。

役員報酬で節税する

役員報酬を増額することで、損金が増えて、節税効果が見込めます。

たとえば、役員報酬を100万円増額すれば、実効税率40%とすると40万円の法人税等の節税となります。しかし、単純に役員報酬を増やせば所得税が増えてしまいます。所得税だけではなく、社会保険料の増加もあります。あなたがオーナー経営者だとすると、**法人税が減る金額よりも、所得税で支払う金額が増えてしまっては、手残りの総額が減ってしまい意味がありません。**

したがって、役員報酬を増額すれば、たしかに法人税等が減少するとはいえ、安易に実施すべき方法ではないということになります。

キャッシュ・フローの改善が節税の目的とすると、テクニック27「生命保険で節税する」（140ページ）で説明した生命保険を活用する方法のように、役員報酬以外の損金であなたの実質的な手取額が増やす方法を考えるか、役員報酬は増額するけれどもそれと所得税を削減する方法とを組み合わせる必要があります。

後者の方法について、ご紹介していきましょう、

小規模企業共済に加入しよう

「小規模企業共済」という小規模事業者向けに、退職金（年金）を積み立てる制度があります。この掛金が所得税の計算上、全額所得控除になります。

最大月額7万円で、年額84万円が所得控除される結果、所得税と住民税が最高税率の50％の方の場合、42万円の節税になります。

まだ小規模企業共済に加入していないのなら、この制度に加入して、小規模企業共済の掛金分だけ役員報酬を増額すれば、**所得税を増加させずに、法人税等の節税をすることができます。**

小規模企業共済のすごいところは、その「利回り」です。共済金の予定利率は平成16年4月から1％です。これだけ見たら大したことないと思われるかもしれませんが、この利回りは節税効果を加味しない「表面利回り」です。

そもそも掛金が全額所得控除の対象となることで、支払った時点で、最大100％の利回りを確保されているということです（実際は、1％でも、定期預金の利息よ

りも高い利率ですので、結構すごいです)。

小規模企業共済に加入するには次の資格要件を満たす必要があります。

①建設業、製造業、運輸業、サービス業(宿泊業・娯楽業に限る)、不動産業、農業などを営む場合は、常時使用する従業員の数が20人以下の個人事業主または会社の役員

②商業(卸売業・小売業)、サービス業(宿泊業・娯楽業を除く)を営む場合は、常時使用する従業員の数が5人以下の個人事業主または会社の役員

③事業に従事する組合員の数が20人以下の企業組合の役員や常時使用する従業員の数が20人以下の協業組合の役員

④常時使用する従業員の数が20人以下であって、農業の経営を主として行っている農事組合法人の役員

⑤常時使用する従業員の数が5人以下の弁護士法人、税理士法人等の士業法人の社員

⑥上記①、②に該当する個人事業主が営む事業の経営に携わる共同経営者（個人事業主1人につき2人まで）

まさに「起業5年目までに知らないと損する」制度です。

役員報酬を変更するための手続き

役員報酬を増額するためには、役員報酬の改定の手続きをする必要があります。役員報酬の改定は、法人税法上、決算期末日後3カ月以内に開催される株主総会を行う場合のみ、そこで決定された役員報酬の全額の損金算入が認められています。

そこで決定した後は、「定期同額」の原則にしたがって、次の変更まで毎月同じ金額を支給しなければなりません。

つまり、あなたの都合で、途中で金額を変更することはできないのです。これは、役員報酬を変更することで、法人所得の調整をして、納税額を減らすことを防止するためです。

諸事情があって、どうしても期の途中で役員報酬を改定したい場合は、テクニック01「決算期の変更をする」（62ページ）を検討してください。変更後の決算期末日後3カ月以内に株主総会を開催して役員報酬を改定すれば、少なくとも税法の条文上は問題ありません。

なお、この「定期同額」のルールを逸脱した場合、原則として、増加させても減少させても、定期同額の基準額を超える部分が役員賞与となり、損金算入ができなくなります（例外は極めて限定的です）。法人税の節税という目的からすると、真逆の結果になるので注意して実行してください。

知っててトクする！53　CHECK↓☑

役員報酬を適切に決めて節税する

テクニック46 設備投資計画を立てて節税する

難易度★★☆　インパクト★★☆　即効度★☆☆

設備投資に伴う節税策を活用して投資リスクを減らす

設備投資を行うとキャッシュ・フローが悪化します。

一方で、国の景気対策として、設備投資額全額の即時償却や投資額の一定割合の税額控除など魅力的な制度がいくつかあります。しっかりとしたプランに従って、上手にこれらの施策を活用していくことが重要です。

①設備投資促進税制の活用

テクニック35「投資減税策を活用する」（168ページ）でご紹介した、「中小企業投資促進税制」と「生産性向上設備投資促進税制」*の活用を今一度検討してみましょう。

＊生産性向上設備投資促進税制は平成29年3月31日をもって終了しています。

②中古資産の購入

次期以降に予定している設備投資で中古でも問題ないものがあれば、節税効果の高い中古資産の取得を検討すると良いでしょう。

なぜ、中古かというと耐用年数が新品に比べて短いからです。

耐用年数が短いということは、購入支出を早期に損金に算入することができます。

中古資産を取得した場合、まずはその中古資産を購入後利用できるようにするために支出した額と新品価格と比べて50％を超えているかどうかを判断します。50％を超えている場合、新品と同じ法定耐用年数を適用します。50％を下回っている場合、次の算式によって耐用年数を計算します。

（１）法定耐用年数の全部を経過した資産
その法定耐用年数の20％に相当する年数

（２）法定耐用年数の一部を経過した資産
その法定耐用年数から経過した年数を差し引いた年数に経過年数の20％

に相当する年数を加えた年数

以上の内容を数式で表すと次のようになります。

（法定耐用年数－既経過年数）＋経過年数×20％（端数切捨）

なお、これらの計算により算出した年数に1年未満の端数があるときは、その端数を切り捨て、その年数が2年に満たない場合には2年とします。

また、中古資産の耐用年数の算定は、その中古資産を事業の用に供した事業年度においてすることができるものなので、取得後の事業年度から中古の耐用年数を適用することはできません。

知っててトクする！54 CHECK→☐

設備投資は中古も視野に入れる

テクニック47

人員計画を見直し節税する

難易度★★★　インパクト★★☆　即効度★☆☆

採用と節税を結び付ける

人材育成と雇用対策の観点から、「個人の可能性が最大限発揮され、雇用と所得が拡大する国」を目指し、「所得拡大促進税制」の創設と「雇用促進税制」の拡充が行われています。

これらの税制は、うまく活用すれば節税対策に大いに貢献します。とはいえ、安易な採用は将来的に経営を圧迫する可能性もあります。中長期的な採用計画にのっとった形での対応が必要なところです。

①雇用促進税制＊

公共職業安定所の長に雇用促進計画の届出を行った青色申告法人が、平成25年

＊雇用促進税制は平成30年3月31日までに開始する事業年度まで適用されます。

4月1日から平成28年3月31日までの間に開始する各事業年度（設立事業年度を除く）において、下記のすべての要件を満たすときは、

増加した雇用保険一般被保険者の数×40万円（改正前は20万円）

※適用事業年度の法人税額の10％（中小企業等は20％）が限度

が税額控除できます。

要件1：当期末の雇用保険一般被保険者の数≧前期末の数×110％
要件2：当期末の雇用保険一般被保険者の数－前期末の数≧5人（中小企業者等の場合2人）
要件3：前期中と当期中に事業主都合による離職者がいないこと
要件4：給与等支給額の増加額≧前事業年度の給与等支給額×雇用者増加率×30％

たとえば、起業5年目までの会社の場合、社員の数がそれほどいないでしょうから、最低必要人数の2人増やすというパターンでこの雇用促進税制の適用を受けることが多いと思います。その場合、80万円（＝2人×40万円）の税額控除を受けることができます。

80万円の税額控除を売上に換算すると、利益率が10％の会社であれば、800万円の売上に相当します。かなりインパクトのある節税対策であるといえます。

②所得拡大促進税制*

青色申告書を提出する法人が、平成25年4月1日から平成28年3月31日までの間に開始する各事業年度において、下記のすべての要件を満たすときは、

雇用者給与等支給増加額×10％（適用事業年度の法人税額の10％（中小企業等は20％）が限度）

が税額控除できます。

*所得拡大促進税制は平成30年4月1日以降に開始する事業年度から大幅に改正される予定です。最新の税制を確認するようにしてください。

要件１：当期の雇用者給与等支給額 ≧ 基準年度の雇用者給与等支給額×一定割合（※）
要件２：当期の雇用者給与等支給額 ≧ 前期の雇用者給与等支給額
要件３：当期の平均給与等支給額 ＞ 前期の平均給与等支給額

（※）一定割合は平成26年度4月1日より前に開始する事業年度は、105％でしたが、平成26年4月1日以降に開始する事業年度からは、それぞれ次のような割合に要件緩和されています。

・平成27年4月1日より前に開始する事業年度は102％
・平成27年4月1日〜平成28年3月31日までの間に開始する事業年度は103％
・平成28年4月1日〜平成30年3月31日までの間に開始する事業年度は105％（中小企業者等に該当する場合は103％）

たとえば、計算された雇用者給与の増加額が100万円の場合、10万円（100万円×10％）が税額控除できます。

雇用促進税制と違って、事前の手続きは要りません。決算を締めた際に左記の要件を満たしている場合には、所定の申告書様式（別表六（二十））と適用額明細書を添付して確定申告書を提出します。申告書の作成は顧問税理士が実施していると思いますので、あなたは、その別表が付いているかどうかを確認すれば良いだけです。

平成26年度の改正で遡及して適用要件が緩和されました。この要件緩和の影響で平成25年4月1日～平成26年3月31日に開始する事業年度で税額控除を受けられる会社が増加しましたが、すでに申告期限を経過しています。これについては、平成26年4月1日～平成27年3月31日までの開始する事業年度の決算でまとめて2年分の税額控除が受けられるようになっています。

知っててトクする！55　CHECK↓☑
雇用を増やすなら節税の手続きを進めよう

比較表		雇用促進税制	所得拡大促進税制
手続き	事前	雇用促進計画の作成・提出	なし
	事後	雇用促進計画の確認	
適用要件	給与	給与の前年対比 雇用者増加率×30％以上の増加	給与の前年対比 5％以上の増加
	雇用者数	雇用者5人以上の増加 中小企業者の場合2人	−
	離職者	事業主都合の離職者がいないこと	
税額控除額		増加雇用者数×40万円	雇用者給与等 支給増加額×10％

テクニック48

分社化をする

難易度★★☆　インパクト★★☆　即効度★☆☆

軽減税率を有効活用する

法人税の税率は、資本金が1億円以下の会社については「軽減税率」が適用されます。具体的には所得の金額に応じて、219ページのような税率が適用されます。

所得の金額が800万円以下だと800万円超に適用される税率に比べて**2割から4割程度税率が低い**です。

ということは、分社化して所得を分散することで、800万円超の税率を適用される金額を減らすことができます。たとえば、所得が1000万円の会社があります。この会社がこのまま申告すると法人税等の額は約245万円になります。

しかし、この1000万円を、所得が400万円の会社と600万円の会社に分社すると法人税等の額は約220万円になり、約25万円の節税になります。

具体的には次のような方法で行います。

①新規事業を開始する場合は会社を新設する

②自社の既存事業を分社化する

（1）新設会社に営業譲渡する

（2）会社分割をする

③他社の事業を会社ごと買収する

分社化には、次のようなメリット・デメリットがあります。

①メリットは、各社で節税対策を個別に実施可能なこと

（1）生命保険への加入（140ページ参照）

（2）経営セーフティ共済への加入（148ページ参照）

（3）退職金の支払い（175ページ参照）　など

②デメリットは管理コスト

法人税の軽減税率

<table>
<tr><th colspan="3">区　分</th><th>改正前</th><th>改正後</th></tr>
<tr><th colspan="3">適 用 関 係</th><th>H28.4.1 以後
開始事業年度</th><th>H30.4.1 以後
開始事業年度</th></tr>
<tr><td rowspan="3">普通法人・人格のない社団等</td><td rowspan="2">中小法人
または人格の
ない社団等</td><td>年 800 万円以下の部分</td><td>15%</td><td>15%</td></tr>
<tr><td>年 800 万円超の部分</td><td>23.4%</td><td>23.2%</td></tr>
<tr><td colspan="2">中小法人以外の法人</td><td>23.4%</td><td>23.2%</td></tr>
<tr><td colspan="2" rowspan="2">一般社団法人等
および公益法人等と
みなされているもの</td><td>年 800 万円以下の部分</td><td>15%</td><td>15%</td></tr>
<tr><td>年 800 万円超の部分</td><td>23.4%</td><td>23.2%</td></tr>
<tr><td colspan="2" rowspan="2">公益法人等</td><td>年 800 万円以下の部分</td><td>15%</td><td>15%</td></tr>
<tr><td>年 800 万円超の部分</td><td>19%</td><td>19%</td></tr>
<tr><td colspan="2" rowspan="3">協同組合等</td><td>年 800 万円以下の部分</td><td>15%(16%)</td><td>15%(16%)</td></tr>
<tr><td>年 800 万円超の部分</td><td>19%(20%)</td><td>19%(20%)</td></tr>
<tr><td>特定の協同組合等の
年 10 億円超の部分</td><td>22%</td><td>22%</td></tr>
<tr><td colspan="2" rowspan="2">特定医療法人</td><td>年 800 万円以下の部分</td><td>15%(16%)</td><td>15%(16%)</td></tr>
<tr><td>年 800 万円超の部分</td><td>19%(20%)</td><td>19%(20%)</td></tr>
</table>

（1）住民税均等割　（2）登記関係報酬　（3）顧問税理士報酬

分社化による節税は究極の節税対策です。

同時に会社の売り買いを容易にする効果も期待されます。売り買いが容易になることで、シリアルアントレプレナー（次々とベンチャー企業を起ち上げる連続起業家）がたくさん生まれると同時に、すでにでき上がっている会社を買って起業するというケースが増えると思います。

起業家は会社を換金して（アーリー）リタイアできますし、買う側の起業家はリスクを減らすことができます。なにより、売ることを目的とした会社経営が、日本の起業家の経営レベルを上げることにつながると思います。

節税対策のお手伝いをしながら、こうした未来につなげていきたいと思います。

知っててトクする！56　CHECK↓☐

分社化は究極の節税対策

おわりに

私が本書を書いた狙いは、経営者の節税ニーズを実現させることです。経営者が本能的に感じるキャッシュ・フローに対する不安を、節税という手法を通じて、少しでも減らしたいと考えたのです。

しかし、いかんせん、現在の税法は難しすぎます。

経営者が1人で節税対策をするのは困難であり、また、不充分な知識で対策を行った結果、過少申告加算税などのペナルティーによって、却って納税額が増えてしまう可能性すらあります。節税をするなら、経営者は**税理士を上手に使わなければならない**のです。

本書がそのためのツールになれば幸いです。

いつか日本中から節税対策という言葉がなくなるように、納税する義務を負う法人、そしてその経営者であるあなたに、ビズ部（http://kigyou-no1.com/）など様々な場所と方法で情報提供を続けていきたいと思います。

最後になりましたが、本書を執筆するにあたって、多くの方のご協力をいただきました。

株式会社ルーシーの石井穣さん、後藤正嘉さん。お2人のビズ部への的確なアドバイスがなければ本書の出版はありえませんでした。

ライフプランナーの嶋田憲三さんには、保険の専門家の観点でいくつかの有益なアドバイスをいただきました。

そして、アカウンタックスの松島稔さん、安藤祐貴さんには、税務の専門家の立場から、詳細にチェックをいただきました。

みなさん、本当にありがとうございました。

2014年9月

山口 真導

【著者紹介】
山口 真導（やまぐち・なおみち）

愛知県生まれ。公認会計士・税理士。株式会社起業ナビ代表取締役。

1997年、朝日監査法人（現あずさ監査法人）入所。会計実務の経験を積むため、2001年、株式会社エスネットワークスに入社。経理アウトソーシング業務に携わる。2004年、株式会社アカウンタックス設立。

中堅・中小ベンチャー企業から上場企業まで幅広い顧客に対して主に経理アウトソーシング事業を提供している。同事業を通じて経営者目線で財務・会計・税務の問題解決ができるＣＦＯの育成・輩出を目指している。

また、2014年には、起業家・経営者向け情報サイト＆コミュニティ『ビズ部』を起ち上げ、資金繰りや節税など起業家や経営者に不可欠な情報を精力的に発信している。専門家の視点と自らの実体験に基づいた記事は、インターネット上のクチコミで話題になっている。著書には、『起業5年目までに知らないとコワイ 資金繰りのキホン』（すばる舎リンケージ）。

【アカウンタックス】http://accountax.co.jp/
【起業ナビ】http://ksbd.net/
【ビズ部】http://kigyou-no1.com/

ブックデザイン：鈴木大輔・江崎輝海（ソウルデザイン）
図版制作：李 佳珍

起業5年目までに知らないと損する 節税のキホン

2014年 9月26日 第1刷発行
2018年 4月24日 第3刷発行

著　者　山口　真導
発行者　八谷　智範
発行所　株式会社すばる舎リンケージ
〒170-0013　東京都豊島区東池袋3-9-7　東池袋織本ビル1階
TEL 03-6907-7827　FAX 03-6907-7877
http://www.subarusya-linkage.jp/
発売元　株式会社すばる舎
〒170-0013　東京都豊島区東池袋3-9-7　東池袋織本ビル
TEL 03-3981-8651（代表）　03-3981-0767（営業部直通）
振替 00140-7-116563
http://www.subarusya.jp/
印　刷　ベクトル印刷株式会社

落丁・乱丁本はお取り替えいたします

ISBN978-4-7991-0371-5